DER FRANKE
IST EIN
GEWÜRFELTER

Oberfränkische Verlagsanstalt und Druckerei GmbH
8670 Hof (Saale)
Printed in Germany – Imprimè en Allemagne

ISBN 3-921615-52-6

Zeichnung auf dem Schutzumschlag: Karl Bedal, Hof

HANS MAX VON AUFSESS

DER FRANKE IST EIN GEWÜRFELTER

ESSAYS

1983

OBERFRÄNKISCHE VERLAGSANSTALT
HOF

NEHMT MICH NICHT
ALS EIN
AUFGESCHLAGEN BUCH.
ICH BIN
EIN MENSCH
MIT SEINEM WIDERSPRUCH.

ULRICH VON HUTTEN

VORWORT

Was man unter einem „Gewürfelten" versteht, ist leicht zu erklären.

Man braucht nur auf den Erzvater aller Gewürfelten, den einfalls- und listenreichen Odysseus hinweisen und dessen abenteuerlichen Wegen nachfolgen. Wie prekär auch immer die Lage für den Lieblingshelden Homers stand, der Durchtriebene war um eine Lösung nie verlegen. Immer hatte er eine umwerfende Überraschung oder eine rettende Idee bereit.

Um allen Lagen gewachsen zu sein, muß man wie der Würfel viele Seiten haben, muß wechselnde Standpunkte vertreten, muß dank abgerundeter Ecken und Kanten rollen können und stehen, muß einmal Kugel spielen ein andermal Kubus. Dem Franken wird nachgesagt, im hohen Maß wendig und doch zugleich sprichwörtlich altfränkisch beharrlich zu sein.

Der Franke ist somit ein Gewürfelter, kein aufgeschlagen Buch, sondern ein Mensch mit seinem Widerspruch, wie es der Franke Ulrich von Hutten für sich und damit wohl auch für seine Stammesgenossen beansprucht hat.

In diesem Dilemma zwischen Für und Wider steckend, wundert es einen nicht, daß der zu heiterer Ruhe neigende Franke es liebt, das Unvereinbare mit Schelmerei und Schalkhaftigkeit zu überbrücken. Er hat daher neben dem Gewürfelten den Typ des Freckers geschaffen, an dessen Späßen und Streichen er sich genau so gern vergnügt, wie an den Moritaten seines pfiffigen, aber schon etwas anrüchigen Strauchritters Eppelein von Gailingen.

Das Gewürfeltsein ist für den Franken eine Gütemarke, nach der er seine Politiker, Anwälte, Kaufleute, Schriftsteller kurz alle, die voll im Leben stehen, einschätzt. Durch meine bisherigen Essaybände über Franken und auch in den hier folgenden Betrachtungen geistern mit Vorliebe die Schatten gewürfelter Franken umeinander: Wie z. B. die reichsunmittelbaren fränkischen Ritter die Ungunst, zwischen den zwei Stühlen der Bischöfe und der Markgrafen sitzen zu müssen, zur Kunst des gleichlangen Überlebens bis 1806 entwickelt haben – oder wie ein Dorfbub aus der Fränkischen Schweiz durch die Erfindung der köstlichen Wiener Würsteln sich Eingang in die Hofburg in Wien verschafft und den Kaiser Franz II. täglich zur Unterbrechung seiner k.u.k. Staatsgeschäfte gezwungen hat – oder wie die klugen Nürnberger Ratsherren früher die allzu gescheiten studierten doctores vor der Abstimmung über wichtige Fragen vor die Türe gesetzt haben – wo Sie auch hinsehen – und Sie dürfen Ihre Blicke bis in die Münchner Ministerien werfen – überall werden Sie auf einen gewürfelten Franken stoßen.

Zu der kunterbunten Verschiedenheit aller meiner Themen bildet der „Gewürfelte Franke" das einigende und frankendeckende Band.

Warum sollte man da nicht dem Buch den Titel geben:

„Der Franke ist ein Gewürfelter"?

EUROPÄISCHE SPIEGELUNGEN IM MAIN

Als einzige Querrinne in der Mitte Europas tastet sich der Main windungsreich durch die sich ihm entgegenstellenden Schichten und Gesteine. Abgeneigt gegen Stromschnellen und gewaltsame Durchbrüche weicht der bedächtige Fluß mehrmals gegen Süden und gegen Norden aus. Über seinem Torkelgang zum Rhein hin hat er in weit zurückliegenden, vorgeschichtlichen Zeiten schon einmal zur Donau sich verirrt, der aus dem gleichen kontinentalen Herzbrunnen des Fichtelgebirges heute noch die Naab zufließt, so wie Eger und Saale in entgegengesetzten Richtungen der Elbe.

In seiner ausgeprägten Hinneigung zum Malerischen, die ihm alle Kenner bestätigen, nimmt der Main lächelnd den doppelten Weg und Umweg in Kauf, bis er sich dann wieder auf seine Hauptrichtung besinnt, dem abendländischen Völkerwanderungsgefälle von Osten nach Westen zu folgen.

Weitab vom Meer gibt der Main sein von Höhepunkten gesegnetes Eigendasein auf. Er läßt sich von dem leidenschaftlicheren, von den Schneegipfeln der Alpen herstürmenden Rhein fortreißen, einverleiben und selbst namensmäßig auslöschen.

Auch wenn der Main nur ein Nebenfluß, ein Binnenländer ist und seit dem ersten Spatenstich Karls des Großen als Wasserstraße und Europakanal zwischen der Nordsee und dem Schwarzen Meer de facto ein Unvollendeter blieb, die Besonderheit des Maintals liegt in der Offenheit ähnlich einer weiten Schale, die Einflüsse und Einwanderer von allen Seiten bereitwillig aufzunehmen und diese vermischt mit bodenständiger Art an seinen abwechslungsreichen Ufern festzuhalten. So spiegeln sich in dem verschlungenen silbernen Band des Mains Deutschland und Europa schillernd in allen Facetten wider.

Der Main wurde schon von seinen keltischen Taufpaten als das erkannt, was er im Grunde ist, nämlich kein gebieterischer Strom, sondern eine sinnenfreudige Stromerin, die sich gern hin- und herschubsen läßt von den sie umschmeichelnden Hügeln und Hängen, wobei die anmutige Flußgöttin über ihrem Tanzen und Drehen in Dreiecks- und Vierecksschleifen durch das früchteschwere und rebenreiche Land selbst ein wenig trunken wird und aufgeht in all der sie umgebenden Seligkeit.

Auf die Eigenschaft des Dahinschlenderns weist der Name Main, keltisch Moin, hin, denn diese Silbe ist aus uralter indogermanischer Sprachverwandschaft, auf tschechisch „mijim", lateinisch „migrare", zurückzuführen. Gemeinsam wird darunter ein „Dahinwandern" und ein „Vorüberziehen" verstanden. Wo die Kelten einst ihr großes europäisches Reich innehatten, tauchen überall Restspuren dieser Bezeichnungen in Flußnamen auf: Im keltischen Irland gibt es einen Kerrymoinfluß, in Polen einen Minia, in Spanien einen Mino und in Italien einen Mignone, die alle wie der Main im gemächlichen Bummel durch die Lande ziehen.

Die Römer, die mainauf den Limes bis Miltenberg zogen, übernahmen die keltische Flußbezeichnung. Nur das weibliche Geschlecht hat den auf männliche

Flußgötter eingeschworenen neuen Herren nicht in das Konzept gepaßt. Für sie gab es nur einen fluvius, keine fluvia. Also mutierten sie als allmächtige Besatzungsmacht durch sprachoperativen Eingriff das Geschlecht der Flußgöttin, indem sie ihr das lateinische „us" als Schwänzchen anfügten.

Die den römischen Eroberern nachfolgenden germanischen Stämme, die Hermunduren, Chatten, Markomannen und nach deren Wegzug die nachdrängenden Franken haben an der Vermännlichung der kurvenreich durch die Gaue Streifenden keinen Anstoß genommen und machten es nicht wie die beharrlichen Altbayern, die nach Wegzug der Römer vom „fluvius Danuvius" wieder zu ihrer Donau zurückgekehrt sind.

Nach 500 km Flußverlauf voller Festlichkeit und Grazie wäre es dem mit stattlichen Wassermassen dem Rhein sich vermählenden Main nicht angestanden, ohne feierlichen Schlußakkord zu enden.

Hier stößt der Main in den Wurzelgrund des Abendlandes vor. Hier errichteten die Römer mit ihrem unfehlbaren Gespür für strategische, wirtschaftliche und kulturelle Machtkonzentration einen festen und bedeutenden Platz. Hier am Einfluß des Mains in Mainz lag dreihundert Jahre lang die berühmte Jerusalemsche 22te und 14te Legion unter Feldherren wie Drusus, Germanicus, Domitian und Diocletian. Mit den ehernen Kohorten der römischen Legionäre und Söldner zogen fremde Götter aus dem Orient, aus Ägypten und Syrien ein und gesellten sich zu dem keltischen Lichtgott Mogo, dem ursprünglichen Namenspaten der nunmehr zur Aurea Moguntia erhobenen Stadt. Auf einer Jupitersäule vereinten sich die verschiedenen Gottheiten in imperialer Weite und

Toleranz mit den römischen Penaten. Wo gibt es eine gleich umfassende Götterversammlung, auf einem einzigen Stein eingemeißelt, friedlich nebeneinander? – Die von Kaufleuten zur Zeit Neros gestiftete Jupitersäule schmückt in einer originalgetreuen Nachbildung, allen Freunden ökumenischen Geistes zum Vorbild, den Deutschhausplatz in Mainz.

Mainz stand während vieler Jahrhunderte im Mittelpunkt aller Energien, die sich am Rhein stauten, aber auch aller Kämpfe, die hier ausgetragen wurden. Wer die Geschicke von Mainz beschreibt, schreibt ein Stück Geschichte Europas. Mehr noch als Straßburg und Köln vereinigte Mainz die antike und christliche Kultur.

In dieser vornehmsten Kapitale des Reiches residierte der zweite Mann neben dem Kaiser, der Kurfürst, Primas der katholischen Kirche, und damit verbunden der Erzkanzler des Römischen Reiches Deutscher Nation. Dem Mainzer Erzbischof unterstanden zeitweise die Bischöfe von Verdun bis Prag und von Chur bis Hildesheim. Mainz war auf diese Weise mehr als eine Stadt. Es mischte als europäische Metropole Gallisches, Germanisches und Römisches und strahlte nicht nur in geistlicher und weltlicher Dignität, sondern auch durch seine schlichte Menschlichkeit und gebildete Heiterkeit.

Das „Goldene Mainz", das mußte weit das Maintal hinauf wirken und seinen Geist beeinflussen.

Von Mainz schlug mit der Gutenberg'schen Erfindung der getrennten Drucklettern der Geist mit bisher ungekannter Fern- und Breitenwirkung tiefe Breschen in die altbehüteten Bollwerke festbezogener Meinungen. Um das Jahr 1500 hatte es an dem Entschluß des

Mainzer Kurfürsten gelegen, Latein zur europäischen Bildungssprache zu erheben. Goethe bekannte sich zu Mainz aus unmittelbarer Anschauung als zu der „Hauptstadt des Vaterlandes".

Mainz hat 2000 Jahre europäische Geschichte erlitten und darüber das Lachen erlernt. Unter der heiteren Toleranz der Mainzer haben selbst die Narren Gleichberechtigung erhalten. Diese marschieren als „Schwellköpp" dem Faschingszug mit fürstlichen Ehren voran. Aus Mainz stammen die munteren Mainzelmännchen des Zweiten Deutschen Fernsehens. In Mainz befindet sich heute das Institut für Europäische Geschichte. Nur sieht es so aus, als wenn die allzu langsam verlaufende Einigung Europas dem im Schloß der Mainzer Kurfürsten tagenden „närrischen Hof" und seinem Elferrat, bedeckt das Haupt mit revolutionären Jakobinermützen, noch eine gute Weile Stoff zu seinen satirischen Büttenreden liefern würde.

Der Main hat das einzige Flußtal Mitteleuropas, das sich nach Westen öffnet. Kommt einer aus dem Süden, so betritt er am Main nicht ein nördliches, sondern ein westliches Land. Die Luft ist mild, weich und feucht. Die Tonigkeit und Duftigkeit französischer Flußtäler setzt das Maintal fort und mischt deutsche Spiritualität und gemütvolle Wunderlichkeit mit seinen steilgiebeligen und spitztürmigen Stadt- und Dorfsilhouetten hinein. Mitunter pfeift auch der eiskalte Böhmerwind weit in das reiche Kulturland Franken hinein. Vorwiegend aus West und Ost wanderten vorzeitliche Völkerscharen in die Ebenen und Niederungen der um den Main gelegenen Gaue. Das gesegnete Klima, die durch angewehten Lös zu höchster Fruchtbarkeit begnadeten Gäuböden und das dem Weinbau holde Ufergelände lockte die, aus welchem Grund immer, in Bewegung gesetzten Landsuchenden von allen Seiten herbei.

Aus den Fischern und Jägern wurden am Main schon früh tüchtige Ackerbauer und Winzer. Der Weinbau ist seit dem 9. Jahrhundert urkundlich nachgewiesen.

Als um das 5. Jahrhundert herum den Main herab die Slawen ihre Siedlungen am Obermain bis Rothenburg vorschoben, erwiesen in diesem bedrohlichen Augenblick die Frankenstämme ihre größere kolonisatorische Begabung. Kraft ihrer strafferen Führung unter den Merowingerkönigen und dank ihrer von den besiegten Römern übernommenen Verwaltungskünste blieb ihnen der Erfolg treu. Mit ihrem Vordringen vom Westen wurde das Mainland fränkisch. Es stieg als Ostfranken bald zum Herzstück und Königsland des großen Frankenreiches auf.

Während die fränkischen Eroberer ihr wohldurchdachtes System der Gliederung und Beherrschung des neugewonnenen Landes mit Gaugrafen, Pfalzen und Königshöfen einführten, blühte in den Seelen des arbeitenden und dienenden Volkes keltischen Ursprungs ein einzigartiger Frühling auf. Aus der irischen Heimat kamen im 7. Jahrhundert die ersten Missionare, voran Kilian. Sie predigten zu den Menschen ihres Stammes und ihrer Sprache von Christus und seiner frohen Botschaft. Die Lehre der irischen Mönche, denen sich die Unterschicht des Volkes durch die Bande der Sprache und des Blutes verbunden fühlte, erfüllte die Unterdrückten mit Hoffnung, Glaube und unbändiger Frömmigkeit.

Der Niederschlag ihrer religiösen Inbrunst lebt wie in keiner anderen Landschaft in Kirchen, Kapellen, Bildstöcken, Feldsteinen, in Wallfahrten und wohl auch im mainländischen Menschen bis auf den heutigen Tag fort.

Zu dieser Urkraft der frommen Ergriffenheit fügten sich im Maintal zwei veredelnde Elemente hinzu. Die fränkischen Eroberer beugten sich dem Banner des Kreuzes. Die Geburtsstunde des Ritters und des Ritterlichen hatte geschlagen. Von Burgund her zum ersten Kreuzzug aufgerufen wurden rhein-mainaufwärts die zahlreichen, lehenslosen fränkischen Rittersöhne zur Befreiung des Heiligen Landes mitgerissen. Wenn auch in der Folge der lautere Geist der jungen Krieger oft genug in wilde Abenteuer- und Eroberungslust entartete, in der Berührung mit der verfeinerten Kultur des Morgenlandes bildete sich das Ritterliche zu einer erhobenen Gesittung heraus. Der Ritter wurde zum Ausdruck des Mannes, der mit beiden Füßen fest auf dem Boden stehend und sicher das Schwert führend, dennoch sein Leben einem höheren Dienst, am liebsten einer unerreichbaren Herzensgeliebten weiht. Eng verbunden mit dem Kampfgeist und dem Minnedienst für eine hohe Frau erblüht die Dichtkunst. Ein Otto von Bodenlauben erwirbt Land und baut Schlösser im Vorderen Orient und sendet Verse an seine Liebste, zurückgeblieben am Main.

Im Bamberger Reiter wurde für alle Zeiten ein Denkmal für diese gesamteuropäische Haltung geschaffen. Aus den lebensgroßen, steinernen Figuren der ritterlichen Grabplatten, verstreut in den Kirchen Mainfrankens, könnte man noch heute ein Kreuzzugsheer zusammenstellen.

Bei dem Anblick dieser frommen Recken und trutzigen Rolande in Harnisch, Helm und Schwert wird der Ausspruch Kaiser Maximilian I. begreifbar, der die fränkischen Ritter als den ,,fürnehmsten Stand" in seinem weiten Reiche rühmte.

Damit aber die Bürde des frommen Mannes nicht allzu bedrückend und erdenschwer wirke, hat das Maintal in seiner Lieblichkeit etwas Zweites hinzugefügt. Es hat zur süßen Lockerung des Daseins bezaubernde Madonnen und muntere Engel zu Hilfe genommen. Auf seinem Höhepunkt im Barock verbindet sich mainauf, mainab, entfacht vom türkenbefreiten und zur Gegenreformation aufrufenden Wien, frühmittelalterliche Frömmigkeit mit heidnischer Sinnenlust und schwelgerischem Schönheitssinn. Das Maintal erlebt seine große Stunde und findet zu seinem eigenen Element. Es wird zu einem von der Glut keltischer Priester leuchtenden, vom Ritterstand mit Burgen, Schlössern und Residenzen geschmückten, vom Barock zur Lebensfreude überhöhten Lebensbereich, in dem Frömmigkeit, Adel und sinnenfrohe Diesseitslust bis in die Höhen unsterblicher Kunstwerke zusammengefunden haben.

Städte wie Würzburg und Bamberg vollenden ihre schon von Romanik, Gotik und Renaissance geprägte Schönheit unter baulustigen, großen Fürstbischöfen wie den Schönborns. Prunkschlösser mit herrlichen Gärten entstehen, wie Pommersfelden, Werneck, Veitshöchheim, Eremitage und viele andere, denen der ansässige Adel unter Erschöpfung seiner Mittel überall nachzustreben sucht. Klöster wie Banz und Ebrach wollen nicht nachstehen. Wallfahrtskirchen wie Vierzehnheiligen locken die Frommen wie in Vorhöfe des Himmels.

Die von dem großen Barockbaumeister Balthasar Neumann gepriesenen ,,Schönen, zarten und guten

Steine" Frankens befördern und erregen dabei die Lust am plastischen Relief und der Skulptur. Der leichten Behaubarkeit dieses in allen Färbungen sich darbietenden Materials verdankt die Veste Plassenburg in Kulmbach den schönsten Turnierhof Deutschlands. Die Steine fordern heraus zu Freitreppen vor Rathäusern, zu Dreifaltigkeitssäulen, zu Grabbettladen, zu Feldsteinen in allen Fluren, zu Brunnen auf allen Plätzen, zu den Gartenspielereien eines Elias Räntz und zu den Puttenbalgereien eines Ferdinand Tietz in den springbrunnenreichen Parks. Der Genius der unbekannten Meister, die die unübertroffenen Figuren im Bamberger Dom geschaffen haben, hat entlang des Mains zu einer reichen Aussaat in allen Stilen geführt.

An den Dompfeilern in Würzburg und Mainz stehen die Bischöfe in aufrecht gestellten Grabplatten Wache auf dem Gang zum Hochaltar. Der Ausdruck ihrer Menschlichkeit erleichtert den Bittgang der Bedrückten und Beladenen. Wo immer nur die Wände Platz lassen, bevölkern Frankens feinnervige Bildschnitzer im Geiste ihres Meisters Tilman Riemenschneider die Nischen und schmücken Altäre und Kanzeln mit der Schutzgöttin Maria, der Herzogin von Franken. Im Mainmuseum in Würzburg treten heute die ergreifendsten Figurenschöpfungen in synodaler Würde zusammen, da unsere Zeit ihnen keine Sicherheit mehr in ihren früheren Anbetungsstätten zu bieten vermag.

Am Ausdrucksreichtum und der Verschiedenartigkeit der in Stein festgehaltenen Gesichter in Franken wird einem deutlich, wenn man es nicht schon in den Städtchen und Dörfern an den Lebenden festgestellt hat, daß das Maintal ein großes Sammelbecken und Verbindungsland ist, weit entfernt eine Scheidelinie zwischen norddeutschem und süddeutschem Wesen zu sein, als die es manchmal dargestellt und politisch hochgespielt worden ist.

Hier kamen nicht nur Waren und Menschen und Stämme aus allen Richtungen der Windrose zusammen, hier trafen sich auch die Ideen. Hier mischte sich wie nirgendswo anders Katholizismus und Protestantismus, Bürgerstolz und Fürstenherrlichkeit, Bauernkultur und Handwerkerkönnen. In dem einladenden Raum um den Main vermengten sich die verschiedenen Elemente deutschen und europäischen Wesens, befruchteten sich im gegenseitigen Wetteifer untereinander und fanden in den burgherrlichen, städtischen, residenzialen und klösterlichen Mittelpunkten der aufblühenden Kultur eine vollendete Ausdrucksform.

Von Straßburg und Reims kamen die frühen Dombaumeister, von Prag die Parlers, die großen Architekten der Spätgotik, und in der Barockzeit die Dientzenhofers, von Italien Meister wie Tiepolo, Gabrieli, Bossi und Carlone. Bei dem herrlichen Barocktheater in Bayreuth wirkten der Franzose Saint Pierre und der Italiener Bibiena zusammen. Für Schloß Schillingsfürst und Schloß Schönbusch wurden sogar portugiesische Architekten herbeigerufen. Ihre Begabungen wurden nicht schlechtweg übernommen, sondern in schöpferischer Umwandlung dem genius loci franconii eingeschmolzen. Sie haben in der malerischen Abgewogenheit des Maintales den Erscheinungsreichtum der fränkischen Kulturlandschaft hervorgerufen.

Wie die wandernden Völker und gastierenden Künstler bevorzugten in dem ewig kriegerischen Europa auch die Horden und Heere das Maintal als Zugweg. Im 10. Jahrhundert drangen aus Osten die mordenden Ungarn und im 15. Jahrhundert die sengenden Hussiten vor, später brachten vom Westen die Regimenter Tillys, Gustav Adolfs, Napoleons und der Preußen unter Moltke neue Zucht und Unzucht in das Land.

Am Ende rollten die Panzer der Amerikaner das Maintal hinauf.

Der Main ist ein mittelgroßer Fluß, gemessen an seiner Wasserführung und seinen Zuflüssen, aber ein europäischer Strom, gesehen von den mannigfaltigen Einflüssen und Einbrüchen, die sich seit Urzeiten bis zu den Flüchtlingsströmen aus Ostdeutschland nach dem Zweiten Weltkrieg in diesem Flußgebiet der Mitte niedergeschlagen haben. Wäre das Quellgebiet des Mains so groß wie das Einzugsgebiet seiner Menschen, Kulturen und Unkulturen, der Main reichte von den Kirgisischen Steppen bis an den Atlantik und von Italien bis Schweden. Im Maintal spiegeln sich alle Kräfte und alle Schwächen europäischer Vielseitigkeit und Zersplitterung wider.

Mit dem Verlust seines angestammten fränkischen Herzoghauses erlag Ostfranken schon früh der Verführung seiner vielgegliederten Landschaft. Weder die Bischöfe von Würzburg noch die ehrgeizigen hohenzollernschen Markgrafen konnten mit ihrer steigenden Machtausweitung die verwaiste Herzogstelle an sich reißen. Für das kostbare Gut kultureller Vielgestaltigkeit und Entfaltung eines eigenen Sonderdaseins haben die Franken und mit ihm das alte Reich darüber die Einheit und Führungsaufgabe von der Mitte her verloren. Wenn noch vor 200 Jahren die Flößer und Schiffer entlang des Mains an nicht weniger als 32 Zollstationen zur Kasse gebeten wurden, so offenbart sich darin das ganze regionale Durcheinander.

Der Main hat als natürliche Wasserstraße in dem territorial zersplitterten Franken früher nie recht funktioniert. Am Ende gab es sogar in der Kirschenzeit einen Kirschenzoll und in der Karwoche einen Palmzoll. Der Main war zu einer Pfründe geworden.

Als 1833 innerhalb Deutschlands der Zollverein zustandegekommen war, befahl König Ludwig I. von Bayern den Ausbau des Mains und des Ludwig-Donau-Main-Kanals. Dank des turbulenten Tatendranges des ,,Frühaufsteherkönigs" und der ihm im Schweiße des Angesichts nacheifernden Kanalbaukommission war es am Geburtstag seiner Majestät, dem 25. 8. 1845, endlich so weit, daß der patriotische Traum des bayerischen Regenten von der ,,Pulsader des deutschen Welthandels" in Erfüllung gegangen war und der Kanal eingeweiht werden konnte. Das erste Schiff war von Kelheim als dem Endpunkt des Kanals startend nicht ohne Zwischenfälle glücklich in Erlangen angekommen. Es brachte 4 Kolossalfiguren mit, die nach Angabe Schwanthalers von seinen Schülern aus den berühmten Kalksteinbrüchen an der Donau in klassizistischer Manier gehauen waren.

Die metaphorischen Worte bei den damaligen Einweihungsreden mögen sich dem hohen Sinngehalt des Denkmals angeglichen haben. Die eine Figur stellt die Donau, die andere den Rhein, als hellenisch-germanische Flußgötter liegend, dar. Beide reichen sich europaverbindend die Hand und lassen nicht ohne Akrobatik mit der anderen Hand das aus Amphoren sich ergießende Wasser in Steinkaskaden ineinanderfließen. Sie werden flankiert von zwei weiblichen Antikgestalten, die Handel und Schiffahrt mit entsprechender Ausrüstung zu allegorisieren haben. Der Gleichmut und die Gelassenheit dieser Kanalwächterinnen scheint die Stärke besessen zu haben, um alle folgenden Fehlschläge mit dem Kanal zu bestehen. Oft enthielt das Kanalbett nicht mehr Wasser, als aus den Amphoren der beiden Flußgötter floß. So bewunderungswürdig für die damalige Zeit viele Einzelbauten des grandiosen Unternehmens waren, man hatte nicht mit den witterungs- und bodenmäßigen Tücken gerechnet. Als schließlich die Entwicklung der Eisenbahn das Großprojekt wirtschaftlich überholt hatte, übernahm der bayerische Staat weise die Aktien der Kanalgesellschaft auf sein Budget. Der schöne Traum, Bayern zum Mittelpunkt des Verkehrs in Europa zu machen, war in den häufigen Trockenzeiten in das dann nur noch knöcheltiefe Wasser des Kanals gefallen, an dem bald nur noch Enten, badende Buben und Angler ihre Freude hatten.

Nur die Flößerei wurde in alter Tradition noch weiterbetrieben, bis ihr der Bau von Staustufen mit Hebe- und Kraftwerken in unserer Zeit das Ende bereitet haben. Die Flößer aus dem Frankenwald beförderten herrliche Langholzstämme, gebündelt in Hunderten von Festmetern, als schwimmende Inseln zum Schiff-, Dückdalben- und Molenbau in die holländischen Seehäfen. Im vorigen Jahrhundert haben viele Auswanderer aus den östlichen Ländern und aus Franken sich als Floßknechte für die billige Fahrt stromabwärts zu den Überseehäfen anheuern lassen. Die Amerikafahrer haben den Main herunter von ihrer schönen Heimat Abschied genommen und losgelöst schon von den Gesetzen des Landes sich an den Kirschen, Äpfeln, süßen Trauben und Mädchen entlang der einladenden Ufergestade noch letztmals ein reichlich Gutes getan.

Die Auswandererflößer waren bald als Geißel des Landes verschrien.

Bei dem aufkommenden und revolutionären Wesen der Dampfkraftnutzung wurde der liebliche Main, der gemütvolle Streuner durch die fränkischen Gaue, von einer geradezu monströsen technischen Neuheit heimgesucht, um nicht zu sagen: in Eisen gelegt. Da radgetriebene Dampfer in dem leicht versandenden Fluß mit erheblichen Schwierigkeiten zu kämpfen hatten, wurde eine zusammenhängend geschmiedete Kette, stark wie ein Männerarm, von Mainz bis Bamberg in das Mainbett ausgelegt. Im Verkehrsmuseum Nürnberg kann ein dazu verwendetes „Tauerschiff" im Modell noch bestaunt werden. Es arbeitete sich an der im Fluß ausgelegten Kette über eine Dampfwinde aufwärts. Da dies mit greulichem Rauchen und Fauchen, mit Quietschen und Zerren und dem Aufbrüllen der Warnsirenen an den zahlreichen Mainschlingen und Gefahrenstellen vor sich ging, bewitzelte der Volksmund mit einem gewissen Schauer das ungebärdige, eine schlammige Kette verschlingende Schiff als „Määkuh", unter deren Namen es in die Verkehrsgeschichte eingegangen ist.

Aber der technische Fortschritt und die Anforderungen unseres modernen Wirtschaftslebens haben dem Main keine Ruhe gelassen. Er wurde von seiner ausschweifenden Malerlust kuriert, in Schleusen gesperrt und zu einer korrekten Schiffahrtsstraße mit wohlausgerichteten Ufern und steingepflasterten Molen reguliert. Wenn darüber auch seine romantischen Capricen ein wenig verlorengegangen sind, der Main ist dafür heute bis zum Übergang in den Kanalbau bei Bamberg und dessen Ausbau heute bis Nürnberg in der Lage, anstelle der karolingischen Eintonnen-Schunken und der Einhunderttonnen-Treidelkähne der König-Ludwig-Ära die genormten 1200-Tonnen-Schleppschiffe unserer modernen Großschiffahrt zu tragen. Wo freilich ganze Mainschleifen dem technischen Moloch zum Opfer fallen, wird die Sache kriminell, und man möchte in die grüne Front der Umweltschützer treten, denn wer möchte nicht in Volkach auf dem Stationsweg zur Kapelle Maria im Weingarten ungestört hochpilgern. Dort im Höhepunkt des Mainländischen hängt sie, mit Blaulicht und Martinshorn verbunden mit der nächsten Polizeistation, Riemenschneiders schönste Frauengestalt, Maria im Rosenkranz, lebensgroß in einem Kranz aus geschnitzten Rosen, das Hochbild der Frau in Franken. Dort und ganz nah davon im Weinort Escherndorf an der großen gefährdeten Mainschleife weht uns der ganze Gram unserer blasphemischen Zeit an.

Um die Jahrhundertwende lagen die von Rebterrassen umgürteten wehrhaften Nester noch wie von Merian gezeichnete Kupferstichblätter da. Betritt man die im Pferch des Mauerrings sich eng zusammendrängenden Häuser und Gassen, treten einem zumeist ein überraschend stolzes Rathaus der Renaissance und ein weites gotisches Kirchenschiff entgegen, dessen feinnadelige Kirchturmspitze die steilen Fachwerkgiebel hoch überragt. Aus dem Zwang zur Enge haben sich die Franken die hohe Kunst der malerischen Überschneidungen einfallen lassen. Bei aller Verklemmung und Ungelüftetheit dieser fränkischen Kleinstädte, erscheinen diese dennoch wohl komponiert. Hier haben die mit dem Daumen peilenden Baumeister die Kunst der Notlösung entwickelt und wie beim fränkischen Fachwerk aus Kreuz- und Querbalken eine zwingende und bezwingende Einheit gezaubert.

Zur stolzen Selbstbehauptung der territorialen Hoheit scheint vor allem die Ausstattung mit Türmen gehört zu haben, die man den großen Herren auf ihren zahlreichen Burgsitzen abgesehen hatte. Das kleine Städtchen Dettelbach am Main z. B. von einst kaum 2000 Einwohnern konnte sich einer Zahl von 36 Stadttürmen rühmen. Jeder dieser zahllosen noch heute selbst in Marktflecken und Dörfern wie in Schlachtordnung postierten Türme ist ein Original. Der eine gibt sich schelmenlistig, der andere dickbäuchig, lanzenspitzig, katzenköpfig, trunkenboldschief oder wie man die Stadtwächter alle belächeln möchte. In Franken möchte man Türme sammeln können.

Neben dem Nesthockerischen, Eigenbrötlerischen und Provinzlerischen lebt in dem hellwachen und vigilanten Geist der ripuarischen, das heißt zwei Ufer bewohnenden Franken, aber auch der hohe Sinn für das Verbindende, den großen Brückenschlag. In Würzburg mit der an Schönheit der Moldaubrücke in Prag vergleichbaren figurenreichen Mainbrücke steigert sich die ganze Pracht Mainfrankens zu einer Stadtkomposition herrlichster Art. Selbst der Wiederaufbau nach der totalen Zerstörung im Zweiten Weltkrieg ruft noch Maßstäbe wach, die in der Ringanlage an Wien, in der Lage der Marienveste über dem Fluß an Salzburg und in Residenz und Hofgarten an den Louvre erinnern.

Wiener barocke Habsburgwelt, süddeutsche Katholizität und ein triumphierender Kirchenstaat mit 39 Kirchen spiegeln sich in Würzburg im Main wider, während die lauen Lüfte de la douce France an den Ufern die Weinterrassen und Platanenriesen streicheln.

Aber Würzburg ist nicht nur aufgelichtete Seelenlandschaft und Madonnenheimat. Die Stadt war immer Siedepunkt des heftigsten Widerstreites aller Gewalten, in dem alle positiven und negativen Züge des Mainländers übergekocht sind, sowohl das Fromme, das Edle und das Heitere wie auch das Unbezähmbare, Gewalttätige und Widersprüchliche.

Mögen der Heilige Kilian und der Meister Tilman Riemenschneider heute noch so verklärt als gute Geister über der Stadt schweben, wie könnte man vergessen, daß in Würzburg der irische Glaubensstreiter enthauptet, dem genialen Bildschnitzer aber wegen Teilnahme an einem Aufstand gegen die fürstbischöfliche Allgewalt die Hände im Folterstock gebrochen wurden?

Am Himmelsrand der Stadt, auf dem Steilhangfluß gegenüber stehen diese Gegensätze unübersehbar nebeneinander: die drohende Marienveste mit den stereometrischen Quadermassen der Sternbastionen, gerichtet gegen die immer aufrührerische Stadt, und nicht weit daneben das Käppele, Balthasar Neumanns einfallsreiches Barockmärchen, das zu frommer Sinnenlust einlädt.

Aus Würzburgs Vergangenheit ragt als mächtiger Eckpfeiler der Fürstbischof Julius Echter von Mespelbrunn heraus, ein Mann der Gegenreformation und absoluter Fürst mit klarem Kopf und eiserner Faust. Er hinterließ Würzburg das Juliusspital, die wiedererstandene Universität und im Land ringsum die 300 Kirchen im unverkennbaren „Juliusstil". An Persönlichkeitsausstrahlung können sich nur noch die in der Barockzeit ihm folgenden großen Schönborns messen, die mit ihrer Prachtentfaltung dem Mainland sein Festgewand hinterließen.

In der zweiten Bischofsstadt am Main in Bamberg, lächelt eine ganze Schwesternschaft von Kirchen so verklärt in das bergumstandene breite Gartendelta, wie wenn noch heute die Noblesse des Gründungskaisers Heinrich II. und seiner frommen Gemahlin darüber leuchteten. In seinem Dom und in seinen frühen Figuren erreicht die deutsche Klassik einen griechischen Moment. Schon die Dichter am einstmaligen kaiserlichen Hof besangen die Mainstadt mit dem doppelten, dem weltlichen und geistlichen Nimbus, in der ein Kaiser und ein Papst unter einem Kirchendach beigesetzt liegen, als „Haupt der Welt".

Bamberg und Würzburg waren jedoch geistlich zu vorbelastet, um zur Wirtschaftsmacht wie Nürnberg und Frankfurt aufzusteigen. Nie vertrug sich das Domkapitel mit dem Rathaus und dem freieren Geist seiner Bürger.

Vor allem war Frankfurt am Main von Anfang an das Vorrücken an die Spitze des Reiches in die Wiege gelegt. Seit der ersten Einberufung einer abendländischen Synode nach Frankfurt durch Karl den Großen, mit der Verleihung der Stadt- und Messerechte durch die Stauferkaiser, noch mehr aber durch die Goldene Bulle und der seit 1356 damit erfolgten Erhebung Frankfurts zur Wahl- und Krönungsstadt hatte sich eindeutig der Schwerpunkt der Reichsinteressen von Aachen an den Main verlagert. Von Goethe erfahren wir, wie seine Geburtsstadt an solchen Krönungstagen zum Jahrmarkt aller Fürsten und Großen des Reiches wurde.

Als 1815 der Wiener Kongreß Frankfurt als ständigen Versammlungsort des Deutschen Bundes erkor, als 1848 die „Deutsche Nationalversammlung" mit großen Erwartungen in die Paulskirche einzog, liefen wiederum alle Fäden der Politik dort zusammen. In Frankfurt konnte die Mutter Rothschild stolz behaupten:

„Wenn meine Bube net wolle, gibt's kein Krieg in Europa."

Als schließlich bei der jüngsten Auseinanderreißung Deutschlands ein neuer Regierungssitz gesucht werden mußte, bedurfte es schon der Zauberkünste Adenauers, das kleine Bonn bei Rhöndorf der Mainmetropole vorzuziehen.

Nach der Bombenvernichtung wucherte Frankfurt schnell zu einem brodelnden Neu-Chicago aus, konzeptionslos auf der einen Seite mit seinen Hochhäusergiganten und verklemmten Altstadtresten dazwischen, superintellektuell auf der anderen Seite mit der „Frankfurter Schule" der dialektischen Aufklärung à la Horkheimer, Habermas, Adorno und Marcuse.

Statt lenkender Kopf und ordnende Kapitale wurde Frankfurt zur rasenden Drehtüre eines internationalen Menschen-, Waren- und Geldverkehrs.

Nicht nur die Herren Generaldirektoren der entlang des Mains gelegenen großen Werke, um nur die Kugellagerfabriken in Schweinfurt, die Zementhersteller in Karlstadt, das erste Atomkraftwerk Deutschlands in Kahl, die Farbwerke in Höchst und die Opelwerke in Rüsselsheim neben vielen anderen zu nennen, haben ihre wichtigen Konferenzen dort abzuhalten und Millionengeschäfte und Kreditverträge abzuschließen. In Frankfurt trifft sich die ganze Welt. Frankfurt ist Weltflughafen, Knotenpunkt der Auto- und Eisenbahnen, Umschlagplatz aller Waren, Zentrale des Geldes, der Börse, der Versicherungen, der Verkehrsbüros, Hochburg der Messen, der Verlage und Zeitungen.

Nicht einmal der rührigste Tummelplatz der Rauschgifthändler und der leichten Damen kann Frankfurt bestritten werden. Zu den Stoßzeiten ist dort die moderne diesseitige Hölle los. Der Main nimmt dort entsprechend die schwärzeste Farbe eines fischtoten Unterweltstroms à la Styx und Acheron an.

So spiegelt sich im Main heute längst nicht mehr nur eine vergangene und eine gegenwärtige Welt und nicht nur ganz Deutschland und ganz Europa, sondern die ganze Welt in ihrem Schisma zwischen Wirtschaftswachstum und Umweltvernichtung und zwischen utopischen Ideologien und Hochfinanzspekulationen wider.

Es bedarf schon des weiten Blickes der Römer, des heiteren Lächelns der Madonnen und Brückenheiligen und eines tiefen Schluckes aus einer Bocksbeutelflasche der herben und erdigen mainfränkischen Art, um alle Gegensätze zwischen moderner Hektik und noch vorhandener Idylle zu verkraften, die an den Ufern des gemächlichen Flusses in der Mitte Deutschlands und Europas ohne je festgehaltene politische Mitte sich angesammelt haben.

NÜRNBERGS AUFSTIEG AUS SAND

UND ASCHE

Wer hätte nach der totalen Vernichtung Altnürnbergs im Bombenhagel von 1945 erwartet, daß die vielgerühmte und lobbesungene Stadt zu neuem Zauber aus ihrer großen mittelalterlichen Vergangenheit erblühen und gleichzeitig zu der gewichtigen Ansehnlichkeit einer modernen Großstadt aufsteigen würde?

Damals lag die Stadt menschenverlassen in großem Schweigen als ein einziges Trümmerfeld von verkohlten Balken und zerborstenen Steinen da. Nur Ruinenstümpfe ließen die einstmaligen herrlichen Bauten in schmerzlicher Erinnerung erraten. Der Wiederaufbau der Altstadt erschien anfänglich so aussichtslos, daß einige schon für eine Belassung der Innenstadt in ihren Ruinen als Mahnmal vor künftigen Kriegen stimmten.

„Eine eigene Kraft muss am Werk sein in dieser Stadt auff ganz und gar ungeschlachtem und sandichtem Boden mit desto sinnreicheren Bauherrn und Werkmeistern", hat schon Sebastian Münster 1541 in seiner Kosmographie über Nürnberg hervorgehoben. Über Nürnbergs kargem Grund leuchtet der Leitstern unermüdlicher Schaffenskraft. Was eh und je Nürnberg zu Nürnberg gemacht hat und seine Bürger auszeichnet, ist in dem Begriff von hoher und höchster Leistung einbeschlossen mit allem, was dazu gehört an Hingabe, Erfindungskraft und Intelligenz.

Alt und Neu

Wenn man durch Nürnbergs moderne Geschäftsstraßen bummelt, deren Auslagen gefälliger und warenreicher als früher sich anbieten, wenn Schulen, Ämter, Banken, Fabriken und Wohnhäuser mit mehr Helligkeit und freundlicher Weite einen empfangen, wenn man in den drei Kirchenjuwelen St. Sebald, St. Lorenz und der Frauenkirche vom gläubigen Mittelalter in stilecht bereinigter Form umfangen wird, wenn man von der wiederhergestellten Kaiserburg über die türmereiche Stadtringbefestigung blickt und wenn man erfährt, daß die ungebärdige Pegnitz heute durch die Hochlegung der Ufer mit Trümmerschutt endlich gezähmt worden ist, dann muß man nach alledem und vielem anderen mehr dankbar erkennen, daß der Segen der Niederlage, den schon der heilige Augustin nach der Zerstörung seiner Vaterstadt seinen verzagten Mitbürgern entgegengehalten hat, in Nürnberg nicht verspielt worden ist.

Kein Vernünftiger konnte die stickigen, engen Gassen und schmalbrüstigen Häuser wieder aufbauen wollen, die einstmals aus Raumnot sich innerhalb des Stadtringes zusammenpferchen mußten. Es mußte eine Formensprache für die einzufügenden Neubauten gefunden werden, die sich im Material und Maßstab gut zu den zuerst wieder aufgebauten einstmaligen Glanzpunkten des alten Nürnberg einfügte, aber doch den Mut besaß, sich als Gebäude unserer Zeit aufzuführen und unseren gestiegenen Wohnbedürfnissen zu entsprechen.

Man schuf durch Verwendung von Sandsteinen und Dachziegeln ein Stadtbild mit dem Charakter, der

Stimmung und dem Farbton, der für den Begriff Nürnberg typisch ist. Klug vermied man, am Befestigungsring und an den Stadtgrundrissen große Durchbrüche machen zu lassen, die die Geschlossenheit und das Antlitz der trotz aller Schäden immer noch spürbaren mächtigen mittelalterlichen Stadtperson Nürnberg zerschlagen hätten. Dank der den Verkehr ableitenden Ringstraße außerhalb der Stadtmauer konnte die historische Struktur der Altstadt mit ihren Plätzen, den „guten Stuben", und ihren malerischen Märkten erhalten werden.

Das Neue hat sich inzwischen gut eingepaßt. Es vergibt sich nichts in unterwürfiger Nachahmung oder eitlem Historisieren. Es fügt sich einfach dazwischen, manchmal freilich auch zu tonangebend zum Leidwesen der nur Rückwärtsblickenden. Wer ein Auge dafür hat, möchte indessen einräumen, daß hie und da das Historische neben dem Modernen in gegenseitiger Steigerung besteht.

Das alte Nürnberg war überlebt in der putzigen Spielzeughaftigkeit und poetischen Eingeschneitheit seiner Gassen. Man hätte viele Altstadtteile außer als romantisches Kuriosum für den Fremdenverkehr gar nicht mehr länger aufrechterhalten können.

Nürnbergs Pulsschlag

Nürnberg war aber immer – und ist es heute nicht weniger – eine lebendige Stadt mit schnellem Pulsschlag, viel zu rührig, um nur als Touristenattraktion in verträumten Winkeln hinzufristen. Nürnbergs Rhythmus ist ein Allegro vivace und forte, gespielt von der

Finger- und Handfertigkeit fleißiger und geschickter Meister und Gesellen.

Mit höchstem Leistungs- und Konkurrenzstreben fing es schon früh an in den ersten Handwerkergassen unter der Burg, wo sich die Waffenschmiede, Schwertfeger, Plattner, Harnischmacher, Rot- und Gelbgießer zu insgesamt fünfzigerlei Sparten der Metallverarbeitung dicht nebeneinander angesiedelt und bald die Werkstätten unzähliger anderer Handwerkszweige angeschlossen haben.

Seit dem Klopfen und Hämmern in den vielen Zunftgassen bis zu dem Surren und Dröhnen hochmoderner Industriewerke hat noch nie die Stille und Beschaulichkeit einer Pensionopolis über Nürnberg gelegen. So ganz der Arbeit verbunden und in das Werken versunken sind noch heute die Tausende von Werktätigen, ob sie nun virtuos in den Hochburgen der Elektronik bei Siemens und Grundig Chassis mit Bauelementen verbinden, Drähte löten, Kontakte prüfen oder als Hexenmeister der Verpackungskunst im Versandhaus Quelle oder in den Lebkuchenfabriken in Sekundenschnelle Waren heranholen, sortieren, bekleben und mit computergelenkter Automatik in alle Richtungen verschicken.

Nürnberg, welches atemberaubende Ritual der intensivsten Arbeit an tausenden von Werktischen damals wie heute! An den gemeinsamen Zügen der Präzision und Sorgfalt ist der Nürnberger Arbeiter erkennbar, so wie einst das große „N" jeder Ware aus Nürnberg das Gütesiegel höchster Qualität verlieh.

Männliches Nürnberg

Nürnberg ist männlich durch und durch. Seine Schutzheiligen heißen Sebald und Lorenz. Nürnbergs Lokalgeist verkörpert der Schuster Hans Sachs, ein Mannsbild gestanden, gradan und mit treffendem Witz. Nur würden Meister Hans Sachsens schwielige Fäuste heute statt eines Schusterhammers einen spuckenden Nagelautomaten führen und statt des Poetenschweißes gelegentlich eine Freudenträne beim Torschuß des einheimischen Fußballclubs abzuwischen haben, denn es rumort den Nürnbergern allen viel Gemüt im Leib.

Nürnberg und den Nürnbergern wurde von Anfang an nichts geschenkt, es sei denn der reichliche Spott, sich ausgerechnet in des „Reiches Streusandbüchse" niedergelassen zu haben. So verdankt Nürnberg seine Entstehung auch nicht der lieblichen Einladung üppiger Natur, einer Flußbiegung mit sonnigen Rebhügeln etwa wie in Würzburg. Nürnberg entsprang dem Kraftakt eines männlichen Entschlusses, vergleichbar der Gründung der Stadt Brasilia in unserer Zeit.

Nürnbergs Anfänge

Gewichtige Gründe politischer und verkehrsstrategischer Art hatten Kaiser Heinrich III. im Jahr 1050 bewogen, in dem kolonisatorischen Leerraum des ausgedehnten Reichswaldes um Pegnitz- und Rednitzgrund einen Stützpunkt kaiserlicher Macht zu errichten. Es sollte der wachsenden Vormacht der Territorialherren mit ihrer starren Agrar- und Naturalwirtschaft ein Riegel gesetzt und freie Bahn der sich von Italien her entwickelnden Geld- und Marktwirtschaft gegeben werden.

Die Wahl des Ortes hatte den Vorzug, im Schnittpunkt der wichtigsten Straßen von Nord nach Süd und von West nach Ost zu liegen. Als der Kaiser seine nächsten Hoftage „ze dem nuorim berg", berief, da gingen den hohen Geladenen die Augen vor Staunen über, was inmitten der Kieferngehölze von märkischer Kümmerlichkeit alles erbaut worden war und an hervorragenden Waren hergestellt wurde. Eine Reichsveste mit Pallas und zweistöckiger Burgkapelle hatte sich hoch auf der die Ebene überragenden Felsplatte um den Kern des Fünfeckigen Turmes geschlossen. Ein Königshof rechts der Pegnitz auf der Sebaldusseite und ein zweiter links auf der Lorenzer Seite bildeten die Kerne der nun bald zusammenwachsenden Stadthälften.

In diesem Sinn der Förderung einer Kaufmanns- und Handwerkerstadt haben die folgenden Kaiser zum „Beweis der besonderen Gunst und Liebe" die Rechte Nürnbergs immer mehr erweitert. Während Friedrich Barbarossa 1189 einen Reichstag in Nürnberg zur Sammlung seines ersten Kreuzzuges abhielt und der Stadt dabei wirtschaftliche Vergünstigungen mit Aussicht auf einen Fernosthandel gewährte, erteilte schon kurz darauf der Hohenstauferkaiser Friedrich II. der Stadt Nürnberg den „Großen Freiheitsbrief", ein Dokument, das die Nürnberger mit Stolz hüteten wie die Amerikaner ihre erste Verfassungsurkunde.

Diese Konstituierung der Reichsunmittelbarkeit der nunmehr nur noch dem Kaiser als Oberstem Schutzherrn unterstehenden freien Reichsstadt Nürnberg hatte weittragende politische, rechtliche und wirtschaftliche Bedeutung.

In der Folge dieser Erhebung zog die Stadt immer mehr Reichstage an, auf denen die großen Staats- und Länderverträge wie der Landfrieden von 1281 und viele andere bedeutende geschichtliche Entscheidungen beschlossen worden sind. Jeder der künftigen deutschen Kaiser suchte Nürnberg als eine Art kaiserliches Regierungszentrum auf. Kaiser Ludwig der Bayer hat sich in Nürnberg rund 70 mal aufgehalten. Er nahm nicht mehr ausschließlich Wohnung auf der Burg, sondern mischte sich unter die Bürger der Stadt. Schmeichelhaft spricht er von Ulrich Haller als seinem „lieben Wirt". Kaiser Karl IV., ein besonderer Gönner Nürnbergs, vollzog persönlich den Akt der Einweihung der Frauenkirche und verkündete im Jahr 1356 in Nürnberg die „Goldene Bulle" mit dem Vorrecht Nürnbergs, jeden ersten Reichstag nach der Königswahl in Nürnberg abzuhalten. Kaiser Sigismund ließ 1424 angesichts der drohenden Hussitenüberfälle die Reichskleinodien „auf ewige Zeit" in das kaiserliche Nürnberg, die stärkste Zitadelle seines Reiches, zur Aufbewahrung bringen.

Nürnbergs goldenes Zeitalter

Unter Kaiser Maximilian trat Nürnberg vollends in sein goldenes Zeitalter ein. Die volle Gunst des feurigen und prachtliebenden Kaisers lag auf der Stadt und nicht zuletzt auf deren Frauen und Töchtern, die er einmal in dem größten Rathaussaal, den je eine deutsche Stadt besessen hat, mit 240 Gängen bewirtete und bis Mitternacht tanzend galant am Arme führte.

Nürnberg war unter der Gunst des Kaisers im Ansprung, als Metropole des Kultur-, Geistes- und

Warenaustausches kontinentalen Ausmaßes zur Hauptstadt Europas zu werden.

Diese steile Aufwärtsentwicklung ohne Machtkämpfe in den eigenen Reihen ist einer Elite von Männern zuzuschreiben, die sich schon Mitte des 13. Jahrhunderts aus den kriegerischen Burgmannen, den königlichen Beamten und weitschauenden Handelsleuten zu einem exklusiven Rat formiert hatte. Diese Gründerfamilien, die sich stolz nach römischem Vorbild Patrizier nannten, nahmen die Führung der Handwerker- und Kaufmannsstadt fest in ihre Hände. Die Tragfähigkeit und Dauer dieser maßgebend sich abhebenden und das Stadtregiment beherrschenden Schicht war nur dadurch möglich, daß sie als kluge Rechner immer lieber den Ausgleich als den offenen Kampf suchten und den Blick für das politisch Mögliche und Erreichbare offenhielten. Durch strenge Sittenordnungen und enge Versippung untereinander verhinderten sie die Auflösung ihrer oligarchischen Gemeinschaft und machten sich unschlagbar gegen die anderswo erfolgreichen Handwerkeraufstände. Der gemeine Nutzen galt ihnen mehr als der eigene. In ihrer Aufgeschlossenheit erkannten sie die Zeichen der Zeit. Die neuen Zeichen standen aber nicht mehr auf hochfahrender Ritterlichkeit und Abenteuerlust der Kreuzfahrer, sondern auf kaufmännischem Denken in Zahlen, Gewichtsmaßen und Verträgen. In den Städten, allen voran in Nürnberg, wurde der Renaissancemensch, wurde der Humanismus, wurde die Aufklärung geboren.

Bei aller Vorsicht, wie es der nie von Feinden gebrochene Festungsring beweist, und bei allem geldbezogenen Kalkül, der ihnen den Spottnamen von

Pfeffersäcken und Ellenrittern einbrachte, fehlte es den Patriziern nicht an der Pflege hoher Kultur. Ihr enger Austausch mit den Kulturzentren wie Venedig, Bologna, Amsterdam oder Prag weckte den Ehrgeiz, in der Verschönerung und Bereicherung ihrer Stadt durch Herbeiziehung von Künstlern und Erfindern nicht nachzustehen.

Um das Jahr 1500 stand Nürnbergs Leitstern der höchsten Leistung im Zenith. Ein Chronist von damals meint, daß die einzige Stadt Nürnberg mehr für Erfindung, Kunst und Wissenschaft getan habe, als ganze Länder. Und ein fahrender Schüler schreibt 1506 in sein Wanderbüchlein, er habe nicht eine einzige Stadt, sondern eine ganze Welt vor Augen gesehen.

Der Nürnberger Martin Behaim wird von Kaiser Maximilian als der am weitesten gereiste Mann seines Reiches angesprochen und geehrt. Der gelehrte Seefahrer hinterläßt seiner Vaterstadt den ersten „Erdapfel", wie er den von ihm kunstvoll konstruierten und beschriebenen Globus nennt. Zu Behaims räumlicher Weltkarte gesellt sich als wertvolles Gegenstück das 80 Pfund schwere Modell des ganzen Planetensystems aus der Hand von Jakob Bullmann, das nach einer Art Uhr in Gang gesetzt werden konnte. Daran reiht sich würdig die Weltchronik des Nürnberger Stadtarztes Schedel, die den seinerzeitigen Stand der Wissenschaft enzyklopädisch zusammenfaßt. Der junge Peter Henlein verfertigte zur gleichen Zeit, wie ein gelehrter Mathematiker wörtlich vermerkt, „aus wenig Eisen aber mit vielen Rädern versehen eine Uhr, die, wie man sie auch legen mag, ohne jedes Gewicht 40 Stunden zeigen und schlagen kann, selbst wenn man sie im Busen oder in der Börse trägt".

Den Höhepunkt der Leistung und des Könnens erreichte aber damals Nürnberg in seinen Malern, Bildhauern, Schnitzern und Gießern, voran in Albrecht Dürer. Dieser uomo universale hatte zu allen Daseins- und Denkformen seiner Zeit Zugang. Er malte, er stach, er zeichnete seine ganze Umwelt. Über seine unbestechliche Präzision hinaus vermochte sein Genie aus den dargestellten Gesichtern die Nöte, die Träume, das Ethos und den Zeitgeist aufscheinen zu lassen. Wie er das Löwenhaupt seines Freundes, des großen Humanisten und Staatsmannes, Willibald Pirkheimer darstellt, spürt man in dessen Zügen einen Vulkan brodeln und in dessen forschenden Augen die ganze Leidenschaft aufleuchten für die damalige geistige und geographische Besitzergreifung der Welt.

Neben Dürer haben sich Peter Vischer in seinem berühmtesten Werk der deutschen Gießkunst, dem Sebaldusgrab, Adam Krafft in dem Sakramentshäuschen in der Lorenzkirche und Veit Stoss im ,,Englischen Gruß" neben vielen anderen Werken und anderen großen Meistern unsterblich in die Annalen der Stadt eingeschrieben.

Ausklang

Im 17. und 18. Jahrhundert trat wirtschaftlich und kulturell in Nürnberg ein Stillstand ein. Die politisch und religiös zerrissenen Verhältnisse im Reich, die katastrophalen Folgen des Dreißigjährigen Krieges und die überall aufkommenden Schutzzölle und Handelssperren hatten Nürnbergs auf dem Freihandel fußenden Reichtum zutiefst getroffen.

Erst die deutschen Romantiker, voran die Studenten Wackenroder und Thieck, haben mit ihren „Herzensergießungen" die schlummernde Noris wieder aus ihrem Dornröschenschlaf geweckt und im Brustton patriotischer Männerchöre die „Butzenscheibenstadt" an der Pegnitz zur „teutschesten aller Städte" hochgejubelt und in ihrer rückwärtsgewandten Mittelaltertümelei zu ihren „liebsten Träumen" erklärt.

Diese harmlosen Vergangenheitsschützer treuteutschen und germanischen Erbgutes haben zwar nicht den raschen Aufstieg Nürnbergs im 19. Jahrhundert zur bedeutendsten Industriestadt Bayerns aufgehalten, sie haben aber womöglich, ohne freilich es zu ahnen, das Tor aufgestoßen, das später Hitler zur unseligen Wahl Nürnbergs als Stadt der Reichsparteitage geführt hat.

Wir wissen alle, in welche Katastrophe der Größenwahn und der Gigantismus des nationalsozialistischen Reiches ganz Deutschland und am schwersten Nürnberg gestürzt hat. Nürnbergs guter Leitstern der schöpferischen Schaffenskraft wurde davon nicht ausgelöscht. Er leuchtet wie immer über dieser Stadt und bestätigt noch heute Quad von Kinkelbachs treffende Beschreibung von 1609 über die Nürnberger:
„denn so sie mit dem Erdreich nix mögen anfangen, schlagen sie ihre spitze Vernunft desto fleissiger auf subtile Werk und Künste."

Nürnberg ist einmal aus einer verspotteten Sandbüchse, ein zweitesmal wie der Vogel Phönix aus der Asche aufgestiegen.

Nürnbergs Insigne ist und bleibt hohe und höchste Leistung.

BAMBERG
DIE GEISTLICHE STADT

Von den beiden ehrwürdigen Bischofssitzen am Main verkörpert Würzburg mehr die fürstliche, Bamberg mehr die geistliche Seite der zwei einst landesherrlichen Kirchenstaaten. Würzburg gibt sich machtvoller, festungsmäßiger, pompöser; Bamberg intimer, filigraner, transzendenter.

Wo dort steile Rebzeilen den Sternbastionen der beherrschenden Marienfeste freies Schußfeld belassen, heben hier sieben sanfte Hügelpodeste eine Schwesternschaft von Kirchen so spirituell über die feuchten Talgründe in den durchsilberten Äther, daß es einen nicht wundert, wenn auf alten Bildern das Gründerpaar Kaiser Heinrich II. und Kaiserin Kunigunde eine davon, die edelste freilich, ihren Dom, behutsam in die Hände nehmen, als wollten sie das Kleinod mit in die Ewigkeit entführen. Sie haben die steinerne Stiftslade ihrer Basilika nicht fortgetragen, sondern – Gott sei es gelobt – sie über tausend Jahre Kriegsläufte, Brände, Stürme und Renovierungsgelüste gleichsam schützend hinweggeschoben und in unversehrter Schönheit uns Nachfahren hinterlassen.

Das kaiserliche Stifterpaar war für die geistlichen Missionsaufgaben im Reich sehr aufgeschlossen. Vielleicht hat die Kinderlosigkeit des letzten Ottonen dazu beigetragen, daß das dynastische Denken hinter einem höheren Sendungsbewußtsein zurücktrat. Heinrich II. erstrebte ein zweites Rom mitten im Reich. Es sollte an der Nahtstelle zwischen Nord und Süd und an der zukunftweisenden Vorpostenstelle am Rande des gesicherten Christentums liegen, von der aus die Bekehrung des heidnischen Ostens am besten zu erfüllen war. Im Zuge kriegerischer Auseinandersetzungen war der alte Stammsitz des mächtigen Geschlechts der Babenberger im Kampf gegen die Konradiner als Kronland den deutschen Königen zugefallen. Aus der Empfänglichkeit seiner königlichen Natur für die Noblesse der wohldistanzierten Siebenhügellage über den fruchtbaren Ebenen der Regnitz und des Mains, im gemessenen Abstand von den Höhen des Jura und des Steigerwalds, befahl der Kaiser im Jahre 1007 die Gründung des neuen Bistums in Bamberg. Er setzte sich dabei über den Widerstand der umliegenden älteren Bistümer Würzburg und Eichstätt hinweg, die sich in ihren Gebieten beschnitten sahen, und versicherte sich des Segens des Papstes, unter dessen besonderem Schutz künftig Bamberg stehen sollte. Eberhard, der Burggraf von Magdeburg, ein Verwandter des Kaisers, wurde als erster Bischof eingesetzt. Kunigunde aber erhielt dieses Kleinod über dem glitzernden Fluß, das der Kaiser wie kein anderes in sein Herz geschlossen hatte, als Morgengabe von ihm zu Füßen gelegt.

Schon bald umgab den Dom, gefördert durch allerhöchste Gunst, ein Kranz geistlicher Stiftungen, die mit ihren Glockentürmen, Kirchenschiffen und Klosterflügeln auf dem bewegten Bodenrelief sich malerisch um die Basilika scharten. Es waren viel mehr geistliche Bauten, als das zu Füßen der Domburg sich zusammendrängende Städtchen gebraucht hätte. Bamberg war von Anfang an von seinen frommen Stiftern weniger als Handelsplatz oder Bollwerk gedacht denn als Ausstrahlungspunkt für den christlichen Glauben. Heinrich selbst half seinem Bischof bei der Gründung einer Benediktinerabtei auf dem Michelsberg. Kunigunde aber gab ihren weiten Besitz im Süden der Hügelkette dem Domherrenstift, stellvertretend für den heiligen Stephan, weiter. St. Jakob entstand als getreues Abbild der zweichörigen Dombasilika. Fast gleichzeitig gründete der Bischof jenseits des rechten Regnitzarmes das Stift St. Gangolf. Das Bistum wurde von Anbeginn reich ausgestattet mit Grundherrschaften, die bis nach Kärnten und zur Wetterau reichten.

So stand der Kaiser mit seiner verschwenderischen Huld Pate für das neue Bistum. Die später ob ihrer Frömmigkeit heilig gesprochene Kaiserin aber wurde Namenspatronin für zahllose Kunigundentöchter weitum im Bamberger Land.

Ostern 1020 trafen Papst und Kaiser in Bamberg für eine Woche zu Gottesdienst und Beratung zusammen. Bei diesem hohen Anlaß wurde Kaiser Heinrich vom höchsten Priester der Christenheit der Sternenmantel umgelegt, der den Gottessohn als den Herrn des Kosmos inmitten der Sternzeichen und Großen der Welt zeigt. Wer den Umhang trägt, ist Stellvertreter des höchsten Wesens; in seinen Händen liegt die Leitung der Welt. Diese Kostbarkeit bewahrt das Diözesanmuseum.

Ein Hofdichter am kaiserlichen Hof preist Bamberg, die Stadt mit dem doppelten Nimbus, dem geistlichen und weltlichen, allen vernehmbar: „Hier ist das Haupt der Welt.“ Als sichtbarer Ausdruck dieser Größe steht der Dom bis auf den heutigen Tag.

Das heilige Stifterpaar liegt im Dom begraben: im Steinsarkophag in der Mitte der Kathedrale. Durch keinen Geringeren als Riemenschneider hat diese Grabstätte zeitlose Gestalt gewonnen.

Als Heinrich III. aus dem fränkischen Geschlecht der Salier den Bamberger Bischof Suidger in Rom als Papst Clemens II. einsetzte, erneuerte sich für Bamberg die Aussicht, ein deutsches Rom zu werden. Die herrliche Grabplatte Clemens' II. im Dom zeigt, wie sehr sich dieser Papst Bamberg verbunden fühlte. Hier wählte er sich die letzte Ruhestätte. Kaisergrab und Papstgrab in einem Dom vereint, wo gibt es ein gleiches Zusammentreffen von weltlicher und geistlicher Macht?

In den Folgezeiten gerieten die Bischöfe von Bamberg in den so verhängnisvollen Dualismus von kaiserlichen und päpstlichen Hoheitsansprüchen. Sie hielten sich auf seiten des Reiches, bis es Bischof Otto I. aus dem großen Hause der Meranier (gestorben 1139) gelang, Brücken zwischen beiden zu schlagen. Er geht als Otto der Heilige und „Apostel der Pommern" in die Geschichte ein. Der durch ein Erdbeben erschütterte Dom erhält von ihm seine jetzige Gestalt. Das Grab des heiligen Otto auf dem Michelsberg in Bamberg ist heute noch ein Ziel für Wallfahrer.

Obwohl Bamberg um die Wende des 12. zum 13. Jahrhundert immer noch im Brennpunkt der Reichspolitik steht und eine bevorzugte Stadt der Staufer wird – Konrad III. ist in der Krypta des Domes bestattet – geht die Macht immer mehr auf das vom landsässigen Adel beherrschte Domkapitel über, das, an Stelle des Kaisers, aus seinen Reihen den Bischof wählt. Die Grabplatten im Dom zeigen die Verschiedenheit der folgenden Herren. Dementsprechend beginnt eine wechselvolle Geschichte. Glanzzeiten wechseln mit Tiefpunkten, fürstliche Erhebungen mit Vertreibungen durch die aufgebrachte Bürgerschaft. Dem Fortschritt und der Aufgeschlossenheit folgen Zeiten der Despotie und der Verschwendung, bis der Kurfürst und Erzkanzler des Reichs, Lothar Franz von Schönborn, als Fürstbischof von Bamberg in die prunkvollen Räume seiner neuerbauten Hofhaltung noch einmal die große Reichspolitik einkehren läßt. Die in schönstem Barock erbaute fürstbischöfliche Residenz umrahmt den Dom von zwei Seiten. Sie verschont rücksichtsvoll die Alte Hofhaltung und hält mit ihrem vorspringenden mächtigen Flügelarm vor dem Dom inne, um dessen kaiserlicher und kirchlicher Hoheit den gebührenden Vortritt zu dem weitgeöffneten Tor nach dem Osten zu belassen. Es entsteht so der schönste Platz Deutschlands.

Der baulustige Kurfürst Lothar Franz unternimmt die barocke Umformung Bambergs mit den berühmten Dientzenhofers als Baumeister. Bamberg wird im weiteren Verlauf des 18. Jahrhunderts unter kunstsinnigen Fürstbischöfen und dem liebenswürdigen Baumeister Küchel in eine Barock- und Rokokostadt verwandelt, allen mittelalterlichen Bauzeugnissen zum Trotz. Die Napoleonischen Reformen bringen 1802 die Säkularisation und die Übergabe des Hochstifts an den Kurfürsten von Bayern.

Nach zehnjähriger Verwaisung des Bischofsstuhls tritt an die Stelle des regierenden Fürstbischofs ein Erzbischof, hinter dem ein Domkapitel steht. Dank einer angesehenen Hochschule wächst eine ausgezeichnete Priesterschaft heran. Der Anteil des Bamberger Klerus in entscheidenden Stellen des politischen Lebens übersteigt im nächsten Jahrhundert bei weitem den allgemeinen Durchschnitt und macht der einstigen Reichsmetropole alle Ehre.

Die weitherzige Gesinnung gegen Andersgläubige unter der neuen Generation der Erzbischöfe wird in Bamberg wohltuender als anderswo empfunden, denn die Vorherrschaft des Dombergs, der Zauber seiner über der Stadt beherrschend sich erhebenden Kirchen, aber auch der Druck des klerikalen Denkens auf das Leben der Stadt waren zu allen Zeiten übermächtig und sind noch heute zu spüren. Der Domberg dominiert ja schon rein optisch über den Bürgergassen.

Bamberg ist wirklich ein kleines Rom, und nicht von ungefähr wird es mit der auf sieben Hügeln erbauten Ewigen Stadt verglichen.

Da sind der Ernst romanischer Baukunst und, auf das engste damit verschwistert, die wohlige und heitere Pracht des Barocks, die auch das Wesen Roms bestimmen. Die Fassade von St. Martin könnte auch in Rom stehen.

Nur ist durch die enger zusammenliegenden und steileren Hügel der Bamberger Domstadt das gesamte Stadtbild noch viel bewegter, effektvoller und doch zugleich intimer. Die Obere Pfarrkirche nützt ihre Berglage so hervorragend aus, daß ihr steilaufragendes gotisches Hochgefüge mit der Sockelausladung des Chorumgangs als wahre Gottesburg erscheint.

Auch der beliebte Vergleich des Doms mit einer fränkischen Akropolis ist nicht von der Hand zu weisen. Die säulengegliederten Türme des Doms, die ebenso wuchtig wie graziös vierfach das Langschiff flankieren und mit ihren patinagrünen Spitzdächern in den Himmel stechen, sind ein entrücktes Denkmal deutscher Klassik. In der Steinbildnerei des Domes vollends wird ein archaischer – ein griechischer Moment erreicht.

So mischt die Domstadt Rom und Athen, Kaisertum und Papsttum, Klerikales und Bürgerliches mit allen Stilarten in der bewegten Raumeinheit der Hügel durcheinander. Warmrote Ziegeldächer in kapriziösen Verwinkelungen vermögen jedoch das Ganze zu einem einzigen Schmelz von echt fränkischer Gemütlichkeit zusammenzuschließen. Der von Mühlwehren aufgehaltene und über die Planken stürzende wasserreiche Regnitzfluß zu Füßen der alten Stadt spendet heitere Spiegelungen und Lichterspiele dazu.

DER VESTE COBURG'S WECHSELNDE GARDEROBE

Die Veste Coburg beherrscht mit dem geschlossenen Bering ihrer hochragenden Mauern, Türme und Bauten monokratisch Coburgs Himmel, Land und Stadt.

Es bedarf gar nicht erst der aufrüttelnden Böllerschüsse vom Vesteberg herab, mit denen am 10. 9. 1552 Sibylle von Cleve ihren Gemahl, den Kurfürsten Johann Friedrich I. den Großmütigen von Sachsen bei der Heimkehr empfangen hat. Die Veste zwingt auch ohne Fanfarenstöße schon durch den steilen Anstieg 150 Meter über die Stadt hinauf den Ankommenden zum achtungsgebietenden Innehalten, Atemholen und Aufschauen.

Eine solche Demonstration fürstlicher Macht- und Prachtentfaltung mit der Weiträumigkeit einer Festungsanlage von 250 Meter Länge und 110 Meter Breite sucht ihresgleichen in deutschen Landen. Wenn die Veste bei den in Coburg nie abreißenden festlichen Anlässen im Abenddämmer von Scheinwerfern ringsum angestrahlt wird, schwebt sie wie ein Phantom der Gralsburg über den Wiesen und Baumriesen des darunter liegenden Englischen Parks, den die weitsichtigen Herzöge rechtzeitig vor wilder Baulust zum Wohlergehen ihrer Coburger Bürger großzügig angelegt haben.

Im Gegensatz zu diesem imposanten Blickfang und Schaustück, zu dem die Veste erst dank der Liebe und Baulust der letzten Herzöge und ihrer dichtenden Architekten und historisierenden Denkmalschützer avanciert ist, beginnt die Geschichte des Vesteberges fromm, harmlos und bescheiden.

Nach der ersten urkundlichen Erwähnung soll sich auf der felsigen Bergkuppe zuerst eine Kapelle und eine durch gediegenen Ackerbau sich auszeichnende Propstei befunden haben, die vom Kölner Erzbischof Anno für entbehrlich genug erachtet wurde, um sie den Benediktinern des Klosters Saalfeld kostenlos abzugeben.

Zwischen der ersten Nennung Coburgs im Jahr 1056 und dem Jahr 1225, in dem zum erstenmal von einer Burg in Coburg die Rede ist, liegt über Coburg zwei Jahrhunderte lang das Dunkel der Geschichte.

Es war die Zeit nach dem Investiturstreit, bei dem zwischen Papst und Kaiser um das Recht der Einsetzung der geistlichen Würdenträger gekämpft worden ist. Im Zuge der daraus hervorgehenden staufischen Reichserneuerung wurden zur Stärkung der kaiserlichen Macht landauf landab wehrhafte Wohnsitze des kaisertreuen Adels gebaut. Das ritterliche und höfische Zeitalter war angebrochen, das mit den neuen Burgen auch einen neuen Menschentyp formte.

In jener großen Blütezeit des Burgenbauens vom 11. bis 13. Jahrhundert wurde der Ausbau des Vestebergs in Coburg, dessen strategische Bedeutung zur Beschirmung der wichtigen Handelsstraße von Nürnberg über Erfurt nach Leipzig inzwischen erkannt worden war, von dem großen Fürstengeschlecht der Andechs-Meranier wohl schon begonnen und von ihren Nachfolgern, den mächtigen Gaugrafen von Henneberg fortgesetzt, bis durch Erbfolge im Jahr 1353 die Herrschaft über das bis dahin fränkische Coburg bis in unsere Zeit an die Sachsenherzöge aus dem Hause Wettin überging.

Man darf diesen großen Herren zutrauen, daß mit dem Beginn des Ausbaues gleich das ganze ausgedehnte

Areal des Bergkegels in die Verteidigungswerke einbeschlossen und daß militärisch, verwaltungsmäßig und kulturell bald ein bedeutender Hofstaat dort aufgezogen wurde.

Die Wettiner haben in dieser Südveste ihrer „sächsischen Ortslande zu Franken", unter dessen Namen das Coburger Land nunmehr eingegliedert war, durch alle Jahrhunderte und alle Stil- und Nichtstilepochen mit nur vorübergehenden Unterbrechungen gebaut und gebaut. Mauern wurden verstärkt, erhöht, verdoppelt und verdreifacht, Türme und Wohngebäude eingefügt, nach Brand, Zerstörung und Einsturz neu errichtet, alte Zugänge wurden verschlossen, neue Tore eröffnet, Gräben ausgehoben, Wälle aufgeschüttet und wieder planiert. Nie ist die Bautätigkeit, erzwungen durch den jeweiligen waffentechnischen Fortschritt und befördert durch die Bedürfnisse einer gesteigerten Wohnkultur, zur Ruhe gekommen. Die Baugeschichte der Veste ist nur von einem Kenner zu entwirren und auf die ursprünglichen Grundrisse zurückzubeziehen.

Dabei wurde allen Coburger Festungsbaumeistern das Leben nicht leicht gemacht, denn die Veste steht auf einem schwierigen Grund. Die tragenden Felsenbänke sind teils verwittert, teils in ihrem Ruhebett auf einer Lettenschicht in einer Tiefe von 20 bis 30 Meter verschoben und in Bewegung. Ihre Belastbarkeit mit hohen Mauern wurde statisch nicht immer richtig berechnet und die Stabilität des Untergrundes durch Ausbrechen von ausgedehnten Vorratskellern und Gewölben noch weiter gefährdet.

Auch heute kreisen permanent riesige Baukräne um Dächer, Türme und Mauerkränze und immer wieder werden neue Gerüste von schwindelnder Höhe angebracht. Es ist noch kein Ende abzusehen, wann auf diesem Tummelplatz der Steinmetzen, Maurer, Zimmerleute und Konservatoren das letzte Richtfest gefeiert wird. Hätte nicht der unverdrossene Erhaltungswille der Herzöge immer wieder und oft im letzten Augenblick vor dem schon im Gang befindlichen Abbruch obsiegt und würde nicht der bayerische Staat, der seit 1919 alle Nutzungen und Lasten trägt, massive Hilfe leisten, wäre Coburg um sein interessantestes Denkmal ärmer, das abwechselnd als Residenz seiner Fürsten, Landesveste, Garnison, Zucht- und Irrenhaus, Aufmarschstätte nationaler Bewegungen, Tagungsort und Freilichtbühne gedient hat und heute mit den kostbaren Schätzen aus den Sammlungen seiner Fürsten die rund einhunderttausend Besucher jährlich in Staunen und Begeisterung versetzt.

An der Bausubstanz fallen entsprechend den unentwegten Veränderungen nicht mehr die alten romanischen Teile in die Augen. Nur der geübte Blick kann diese noch von den späteren Ergänzungen und Zutaten vor allem in den Untergeschossen des alten Palas, dem heutigen Fürstenbau, und in der Steinernen Kemenate ausfindig machen. Auch weht im fahnenfreudigen Coburg der Nordwind vom Thüringer Wald und der Südwind von den Jurabergen schon längst nicht mehr den henneberg'schen Hahn und die wettin'sche Rautenflagge auf dem alle Bauten überragenden Bergfried aus. Dieser wurde schon im 15. Jahrhundert abgebrochen. Seine freigelegten Grundmauern aus der Stauferzeit mögen daran erinnern, daß der 1268 in Neapel enthauptete letzte Sproß dieses großen Geschlechtes Konradin auf der Veste einst fröhlich seine Hochzeit gefeiert hat.

Zu den heute noch spektakulären Bauten aus dem ausgehenden Mittelalter zählt vor allem das 1489 gebaute Zeughaus, das als ,,Hohes Haus" mit seinen spitzen Giebelfronten und Erkertürmchen an allen Dachecken die meisterhafte Baukunst der ausgehenden gotischen Zeit rühmt und zum Gesamtanblick der Veste in seinen eleganten Konturen und seiner Stilechtheit entscheidend beiträgt.

Nicht zu übersehen als Überbleibsel vergangener Zeiten baut sich die 1553 aufgewuchtete Hohe Bastei auf, die die Veste gegen den Kanonenbeschuß von der Bergseite her zu beschützen hatte. Es haben sich im 16. und 17. Jahrhundert ihr weitere Sternbasteien, wie die ,,Bärenbastei", die Bastionen ,,Rautenkranz" und ,,Bunter Löwe" angeschlossen, um durch ihr flankierendes Feuer die veralteten frühmittelalterlichen einstmals 9 Halbtürme zu sichern, die bereits Lukas Cranach in ihrer heute noch unveränderten frühmittelalterlichen Bauweise in einem Kupferstich festgehalten hat.

Die von dem bedeutenden Herzog Johann Casimir auf Grund damals neuester fortifikatorischer Errungenschaften ausgebaute Veste Coburg bestand im Jahr 1632 ihre große Bewährungsprobe, als Wallenstein nach vergeblicher Belagerung der Veste durch 8000 Mann schmählich vor den nur 800 Verteidigern abziehen mußte. Erst 3 Jahre später gelang es den kaiserlichen Truppen, die Übergabe der Veste zu erlisten, und damit den Weg in das Thüringische freizukämpfen. Die erfolgreiche Abwehr der Belagerer und das Versagen danach liest sich wie ein spannender Roman, für den die Veste mit ihren Wehrmauern, unterirdischen Gängen und noch erhaltenen Waffenbeständen eine faszinierende Illustrierung bietet.

Aus der Barockzeit stammt das reichverzierte heutige Eingangstor, das ganz im Gegensatz zu den früheren im Ernstfall abbrechbaren hölzernen Brücken- und Zugbrückenkonstruktionen den mit mehrfachem Vorspann gezogenen herzoglichen Prunk-, Proviantierungs- und Munitionswagen sowie den immer schwerkalibriger werdenden Kanonen eine weniger waghalsige Zufahrt bot. Es verhilft den Touristen heute mit dem dreifachen Mauerring, dem martialischen Torturm und dem spitzen Giebel des alten Zeughauses dahinter zu den fotogensten Schnappschüssen und Ansichten einer von keinem Bühnenarchitekten zu übertreffenden Idealburg.

Das Bestimmende und Hochstimmende aber, das die Veste so harmonisch in die schöne Coburger Landschaft fügt und über die Stadt erhebt, verdankt dieses ehrwürdige, durch alle Jahrhunderte sich wandelnde Baukonvolut seinem letzten Herzog Carl Eduard von Sachsen Coburg und Gotha und dem von ihm berufenen, vom aufkommenden Burgendenkmalschutz besessenen Architekten Bodo Ebhardt. Es war die erklärte Absicht dieses 1905 zur Regierung gelangten Landesfürsten, den Stammsitz seiner Vorfahren von den Heideloff'schen Entstellungen aus der Mitte des 19. Jahrhunderts mit ihren romantisierenden Zutaten von Zinnen, Erkern und Türmchen wieder zu entkleiden, die Veste vor dem drohenden Verfall zu bewahren und ihr unter Sichtbarmachung der Kerngestalt der alten Bauten den Charakter eines Kultur- und Nationaldenkmals zu geben.

Auf Grund intensiver Studien und einfallsreicher Bemühungen um die schwierige Finanzierung des Millionenprojektes wurde nach den damaligen Erkenntnissen der Denkmalspflege 1906 an das große Werk gegangen und dieses 1924 nach der Unterbrechung durch den Ersten Weltkrieg vollendet.

Bei allen Vorbehalten über manche Details dieser jüngsten Neugestaltung muß dankbar wiederholt werden, daß die Veste durch den Einsatz des letzten Herzogs nicht nur vor dem Verfall bewahrt, sondern daß die Gesamtansicht in der Fern- und Außenwirkung besonders durch das Hochziehen der Wehrmauern und das kühne Aufstocken von 2 massiven Türmen, dem Roten Turm und dem Torturm, nach exakten Vorbildern aus Nürnberg und Rothenburg wesentlich gesteigert worden ist.

Man kann heute, ohne in den Werbeslogan von der „Krone Frankens" zu verfallen, mehr als noch zu Ludwig Richters Zeiten den Worten in dessen 1839 herausgegebenen „Wanderungen durch Franken" zustimmen, daß die Veste einer Krone gleicht, die über den Bergen Coburgs zu schweben scheint.

FRÄNKISCHE SCHWEIZ MINIATUR IN DER MINIATUR

Der auf Genauigkeit bedachte Bayerische Schulbuchverlag kam bei der Herausgabe seines gesamtbayerischen Geschichtsatlas in ziemlich arge Verlegenheit. Bei der Darstellung Frankens vor seiner Eingliederung 1806 nach Bayern gingen dem Drucker nämlich die Farben, Schraffuren und wohl auch die Geduld aus. Eine Abhebung der unzähligen fränkischen Territorialherrschaften voneinander, voran der 190 selbstherrlichen Burgsitze des ehemaligen „Ritterkantons Gebürg", dessen Gebiet sich im Umfang etwa mit der heutigen Fränkischen Schweiz deckte, hätte die Karte überfordert.

Wir befinden uns also in der Fränkischen Schweiz – in augenfälliger Übereinstimmung mit deren engräumiger und kleinschachteliger Bodengestaltung – im Miniaturbereich einstmaliger deutscher Länderaufteilung, sozusagen in des alten Reiches und des noch älteren Jurameeres hinterlassener Scherbenkiste, aber im Traumland der Ritterburgen.

Als die letzten Höhlenmenschen ihre verräucherten Behausungen aufgaben und ihre steinzeitlichen Handwerkszeuge gegen moderneres Gerät aus Ton, Bronze und später Eisen tauschten, schlug endlich nach jahrtausendelanger Geschichtslosigkeit die Stunde der Erhöhung für dieses abseitige Hinterland der Jäger, Hirten und ersten rodenden Ackerbauern. Um die

Jahrtausendwende vor und nach der Gründung des Bistums Bamberg drangen zum Schutze der Ostgrenzen des sich ausweitenden und konsolidierenden Frankenreiches die ersten Siedler in diesen „Wilden Westen" vor. Es waren Kriegerbauern und Edelfreie aus fränkischem Stamm. Sie fanden, daß dies ein gutes Land für sie sei.

Die natürlichen Felsenbastionen über den Tälerengen warteten hier förmlich darauf, mit Mauern abgeschlossen, mit Zugbrücken versehen, mit Steilgiebeln überhöht und mit Türmen geziert zu werden. Die kühnen Dolomitauftürmungen standen allerorts komplizenhaft bereit, dem trutzigen Begehren nach uneinnehmbaren und wehrhaften Wohnsitzen massive Unterstützung zu gewähren. Sie brauchten nicht mehr länger nach ihren Herren auszuschauen. Die kolonisierenden und missionierenden Vorpostenkommandos der Frankenkönige errichteten ihre Burgen auf den Felsen und bauten sie in dem von Gefahren umlauerten Land als unbezwingbare Stützpunkte für ihr Gefolge und ihre Familien aus.

Diese Pioniertat des Annehmens und wolkenkratzerartigen Aufstockens der Felsen fuhr wohl als eine so unerhörte Herausforderung in alle Glieder und Knochen der bisherigen Bewohner, daß eine der ältesten Burgen aus ottonischer Zeit, ein Rittergeschlecht und ein ganzes Tal den Namen „Ufsaze" und später Aufsess erhalten hat. Der Bergfried als ältester Steinbau der Fränkischen Schweiz sitzt noch heute ungebrochen als Grenzstein kaiserlicher Macht auf seiner Felsnase auf. Die Burg und die als erste damit verbundene Kapelle bildete den Ausgangspunkt, um eine neue Ordnung und einen neuen Glauben über das Heidentum zu setzen.

Auf den steinigen Juraböden waren nie Reichtümer zu gewinnen. Doch dank dem örtlichen Überangebot an baureifen Felsenkanzeln, Schroffen und Talriegeln häuften sich in der nun aufkommenden Blütezeit des Rittertums allenthalben die wehrhaften Steinkolosse. Die Fränkische Schweiz wurde erfaßt von einem Bauboom in Ritterburgen. Bald rückten die Ritterhorste so nahe aneinander, daß man das Anschlagen der Hunde von einem Burghof zum anderen hören konnte. Wenn die Hörner von den Wachtürmen Alarm bliesen und die Ritter sich in die Harnische warfen, dann war es für ungebetene Eindringlinge wohl höchste Zeit, vor diesen Nestern von ausschwärmenden und zustechenden Hornissen das Weite zu suchen. Jeder, selbst der kleinste Ort, stellte sich unter den Schutz eines Ritters und seiner Burg. Der nördliche Jura wurde mit seinen Sperren von Talecke zu Talecke zu einem undurchdringlichen Festungsgürtel, um die in Bewegung geratenen Völkerfluten aus dem Osten abzudämmen.

In der Machtansammlung selbstherrlicher kleiner Potentaten auf unangreifbaren Felsensitzen lag von Anfang an ein politisches Wagnis. Solange die Burgherren als Lehensträger des Königs die Grenzen hüteten und ihr berittenes Fähnlein zu den nicht endenden Kriegs- und Kreuzzügen des Reichsoberhauptes stellten, gab es für die geborenen Krieger und Kampfhähne auf allen Turnieren Gelegenheit genug, ihre Abenteuerlust auszutoben. Als aber das fränkische Herrscherhaus ausstarb, die Kaisermacht verfiel und mit dem Niedergang der Hohenstaufen die fränkischen Reichsgüter wie eine Konkursmasse unter den Mächtigen im Land aufgeteilt wurden, da ging lang vor Erfindung der Pulverwaffen die Sendung der Ritter und ihrer Burgen zu Ende. Die von Burgen gespickte Fränkische Alb aber wurde entsprechend der Vielzahl ihrer Herren zum bevorzugten Tummelplatz der Fehden und der Rivalitäten. Der Tod des größten Rittersohnes 1347 brachte die sichtbare Wende. Konrad von Schlüsselberg, Kampfgefährte, Rombegleiter, Berater und Freund des Kaisers, Gründer der Städte Waischenfeld und Ebermannstadt, wurde bei der Belagerung seiner Burg Neideck von einer Steinschleuder tödlich getroffen. Mit der darauffolgenden Verteilung seines umfangreichen Besitzes an die ihm seine Macht neidenden Fürsten beginnt ein fast 500 Jahre währender zäher Kampf der reichsunmittelbaren Ritter um ihre angestammten Rechte, die sie in altfränkischer Beharrlichkeit, aber ebenso in geschicktem Ausspielen der Mächtigen gegeneinander zu wahren wußten. Die Zeit war fortan erfüllt von dem Feldgeschrei: „Hie freier Rittersmann, hie Landsaß".

Die Geschichte läßt sich jetzt nur noch von Ort zu Ort und von Familie zu Familie beschreiben. Als zu all diesem Streit noch alle Burgen dreimal in den Hussitenkriegen, dem Bauernaufstand und dem Dreißigjährigen Krieg gebrandschatzt und vernichtet wurden, baute man nur noch wenige und die wenigen nur teilweise wieder auf. Das bröckelnde Kalkgestein und die nach Bausteinen begehrlichen Bauern taten das Ihre dazu, daß die Mehrzahl der Ruinen bald vom Erdboden verschwunden waren. In der reichsritterschaftlichen Pufferzone zwischen dem Fürstbischof von Bamberg im Westen, den Markgrafen von Kulmbach und Bayreuth im Norden und Osten sowie den Burggrafen und der Freien Reichsstadt Nürnberg im Süden verliefen die Grenzen bald so verzwickt, daß die Hoheitsbereiche manchmal mitten durch Häuser und quer durch Burgen hindurchgingen.

Nach der Reformation kam noch die herrschaftsweise Sprengelung nach den verschiedenen Bekenntnissen hinzu. Alle diese lokalen Unterschiede blieben so tief im Gemüt und in den Bräuchen verhaftet, daß bei der heute im Gange befindlichen Zusammenlegung der Gemeinden und Kreise unüberwindliche Klüfte aus längst vergangenen Zeiten zutage treten. Die verwaltungsmäßige Einheit, die sich die Fremdenverkehrswerbung und der Heimatverein der Fränkischen Schweiz so gern als Mäntelchen umgehängt hätten, mußte ad acta gelegt werden. Die Fränkische Schweiz demonstriert in Miniatur die Spaltung und Zerstückelung, die im größeren für Franken und am Ende für ganz Deutschland zum Schicksal wurde. Erst als Napoleon mit gewaltigem Kehrbesen den deutschen Ländermüll zusammenfegte, fiel auch der Vorhang im reichsritterschaftlichen Puppentheater der hier ad absurdum geführten deutschen Kleinstaaterei.

Anfang des vorigen Jahrhunderts erlebte die Fränkische Schweiz mit ihrem verblichenen Glanz der Ritterburgen eine seltsame Nachblüte. Es kamen die Romantiker in die Täler gewandert. Ihr schwärmerischer Geist gipfelte in der Begeisterung für die bizarre Landschaft mit ihren Burgen und Ruinen, den Mühlen an quellfrischen Bächen und dem Widerhall der Posthornklänge im Wiesengrund. Sie entdeckten in der Kabinettlandschaft zwischen Fels und Tal und in den Schlupfwinkeln der Nischen, Grotten und Höhlen nicht nur die „deutscheste aller Landschaften", sondern fanden noch mehr: Sie erkannten darin das Spiegelbild ihrer verworrenen und romantischen Seele wieder.

Vielleicht ähnelt die Fränkische Schweiz wirklich etwas dem deutschen Gemüt. Beide sind voller Poesie und Beklemmung, ein wenig engräumig und gewunden, innig und intim, dann wieder abrupt wechselnd in das Schroffe und Himmelstürmende, im Innersten aber mystisch verschlossen oder nur beschränkt zugänglich und aufschlüsselbar in ihren unergründlichen Tiefen. Die schreibfreudige Prominenz des vorigen Jahrhunderts hat dem „Muggendorfer Gebirg" mit dem Kosenamen einer „Schweiz" zu höherem touristischen Ansehen verholfen. Im Grunde hat natürlich die gigantische Bergauffaltung der Schweizer Alpenkette nichts mit dem zerborstenen Tafelgebirge des Jura zu tun. Das Cachet dieses durchaus eigenständigen Ländchens liegt unvergleichbar in dem wohlabgewogenen Kleinmaß eines Interieurs, mit dem es um jede Ecke neu überrascht.

Die vergilbten Liebeserklärungen der Dichter und Maler passen heute nur mit Einschränkung auf die mit Felssprengungen begradigten Ein- und Ausfallstraßen der Kraftfahrzeugströme, die großfenstrigen Guckkästen der Hotelpensionen, aufgemalten Mühlenräder und wohlmarkierten Sammelpunkte des touristischen Genießens und Konsumierens.

Wer aber die unverdorbenen Blickpunkte aufzustöbern versteht und ein wenig abseits wandert, wird einiges von der frühen Burgenherrlichkeit erahnen und noch genug vom verborgenen Reiz der Fränkischen Schweiz nach Hause tragen können.

DIE KONSTITUTION EINER KONFUSION

Wer kennt nicht aus der griechischen Mythologie die Lernäische Hydra, jenes Zwitterwesen mit dem Körper eines Wolfes und mit den vier nach allen Richtungen ausschlagenden Schlangenköpfen? Beim Abschlagen der langen Hälse sollen die Giftmäuler, so berichtet die Sage, allsogleich wieder nachgewachsen sein. Der wackere Herakles mußte gegen dieses abscheuliche Untier kämpfen. Er hat es am Ende durch Kraft und Geschick bezwungen.

Unser lieber Regierungsbezirk Oberfranken gleicht jener Hydra – natürlich nur in der entfernten Verwandtschaft von dazwischenliegenden Äonen. Oberfranken trägt nämlich auch an allen vier Enden vier ansehnliche Häupter. Der eine Kopf hört auf Hof, der andere auf Coburg, der dritte auf Bamberg und der vierte auf Bayreuth.

Die an der Peripherie des Gebietskörpers Oberfranken kreisenden vier Stadthäupter sind untereinander grundverschieden. Richtpunkt für das Denken und Handeln ist ihnen nur die eigene, etwas hoch getragene Nase. Jede der vier Stadtschönen trägt sich zudem anders, feiert anders, kocht und brät anders, riecht anders, wobei in Hof eine textil-industrielle Duftnote, in Coburg eine höfisch-museale, in Bamberg eine katholisch-klerikale und in Bayreuth eine behördlich-protestantische einem in die Nase steigt.

Mit den vier in Einwohnerzahl und Haushaltsvolumen sich etwa die Waage haltenden Städten ist es aber noch nicht zu Ende. Es schieben sich noch weitere kleinere und größere, auf jeden Fall nicht zu unterschätzende Stadtautoritäten dazwischen wie das urfränkische, heute Folien fabrizierende Forchheim, die Korbflechterstadt Lichtenfels, die Puppenstadt Neustadt, die Festungsstadt Kronach, die Bierbrauerstadt Kulmbach, der Verkehrsknotenpunkt Marktredwitz, die Jean-Paul-Stadt Wunsiedel, die Porzellanstadt Selb und noch viele andere Stadtspektabilitäten.

Das Buntgewürfelte beginnt in Oberfranken somit schon bei den Städten. Es setzte sich fort in der Landschaft, der Architektur, der Bodenbeschaffenheit, den Kulturarten, dem Klima und in seiner Geschichte und gipfelt in der vielseitigen Gewürfeltheit des Oberfranken selbst. Wie kann man mit diesem Tatbestand der Vielköpfigkeit und fehlenden zentralen Geschlossenheit Oberfrankens zurechtkommen? Das Dilemma ist somit im Grunde ein Hutmacherproblem: Wie so verschiedenartige Köpfe und Stadtoberhäupter unter einen Hut bringen?

Doch glaube ich, aus langjähriger Erfahrung sagen zu dürfen: Die, die das Angeben wo immer in Oberfranken haben, sind ihren erhöhten Anforderungen nicht nur gewachsen gewesen, sondern mit ihren Aufgaben selbst gewachsen.

Nicht daß sie die akrobatischen Fähigkeiten des Herakles übernommen hätten, der mit dem Schwert in der einen Hand einen Kopf der Hydra nach dem anderen abgeschlagen und mit der Fackel in der anderen Hand sofort die nachwachsenden Halsstümpfe ausgebrannt hat.

In Oberfranken ist das Wunder geschehen, daß die Ämter-Oberen und der gemeine Mann je nach Stufe zu einem hemdsärmelig jovialen oder auch verbindlich herzerfrischenden Umgangston gefunden haben. In Oberfranken ist es beinahe eine Lust, regiert zu werden, fern davon, mit dieser Äußerung das Gegenteil provozieren zu wollen.

So gibt es für die Oberfranken keinen Grund, die Unterfranken zu beneiden, weil diese in Würzburg einen unanfechtbaren und strahlenden Mittelpunkt besitzen. Vielleicht sind die Mittelfranken auch gar nicht so sehr zu bedauern, denn es läßt sich wohl das erdrückende Übergewicht der alten Kaiser- und Reichsstadt Nürnberg vom Nebendraußen der Regierung im kleinen, reizenden Ansbach leichter mitverkraften.

Die Oberfranken sind auf jeden Fall mit dem Zustand ihrer heutigen verwaltungsmäßigen Abgrenzung zufrieden, genau so, wie ihr Regierungspräsident, der seinen Regierungsbezirk als den vielfältigsten und interessantesten hervorhebt und sich zu ihm bekennt.

Gewiß haben sich die Oberfranken gefreut, daß das herzogliche Coburg 1920 durch Abstimmung als ein sehr eigen geprägtes, geschichtlich ganz anders gewachsenes Fürstenland mit seinen städtebaulichen, landschaftlichen und musealen Schätzen hinzugekommen ist.

Die Oberfranken konnten es andererseits verschmerzen, daß Höchstadt an der Aisch durch die letzten Gebietsreformen nicht mehr zum eigenen Regierungsbezirk gehört, denn die köstlichen Karpfen im Aischgrund sind deswegen genauso erreichbar geblieben.

Der Oberfranken-Patriotismus ist also gemäßigt ausgebildet. Es wirkt noch die jahrhundertelange territoriale Zersplitterung nach. Man muß nur daran erinnern, daß es allein im Gebiet der heutigen Fränkischen Schweiz 190 Burgen und darauf sitzende Kleinpotentaten gegeben hat, die in der Mehrzahl alle ihre eigene Verwaltungs- und Gerichtshoheit behaupteten und darum bis zum übergeordneten Appellationsgericht in Wien Jahrzehnte währende Prozesse führten.

Es konnte vorkommen, daß die Hoheitsgrenzen mitten durch die Burg und ihre Räume liefen, so daß eine Freveltat, begangen auf der Schwelle zwischen Wohn- und Schlafzimmer, wegen des unerbittlichen Streites über den zuständigen Gerichtsherren und das zuständige Landesrecht dem Delinquenten die Straffreiheit oder gegebenenfalls auch lebenslange Untersuchungshaft wegen Verstaubens der Prozeßakten in Wien eingebracht haben.

Die Chroniken der zu Streithähnen geborenen fränkischen Ritter sind gefüllt mit Kampfansagen und Fehden von Ort zu Ort und oft zwischen Brüdern und Vettern. In dem Brodeltopf der Hakeleien kochten die mannigfaltigsten Rechtsobjekte, ob es nun um die Halsgerichtsbarkeit oder um Polizei- und Vogteigewalt, ob um Steuereinzug, Kirchenhoheit, Patronatsrechte, Kirchweihschutz, Mitbenutzung von Toren, Brunnen, Brücken, Hutungen oder gar um den heißumfochtenen Wildbann ging. Das alte Jägerwort dürfte aus Franken stammen, daß mehr Freundschaften um einen starken Hirsch als um eine schöne Frau zerbrochen sind.

Der fränkische Historiker Hanns Hubert Hofmann hat auf dieses Dickicht der Besitz- und Hoheitsansprüche in Franken immer wieder hingewiesen und sie „als höchst schillernd, verschlungen und grenzenlos" angeprangert. Doch was ist das gegenüber dem Minengürtel und Todesstreifen, der im Norden der oberfränkischen Grenze heute nicht nur Deutschland, sondern ganz Europa in zwei Welten teilt!

Die jahrhundertelange Dauer dieser kleineren und größeren Zaunkönigreiche spricht dafür, daß die Bewohner sich darin im großen und ganzen recht wohl gefühlt haben. Die Verhältnisse waren übersehbar. Man hatte Sicherheit und Auskommen. Es herrschte ein von christlicher Religiosität erfülltes und von der Nähe des Zusammenlebens erwärmtes patriarchalisches Vater-Kind-Verhältnis, das auch die Sorge für die Armen und Gebrechlichen umschloß.

Daraus haben sich spezielle Eigenschaften entwickelt, zum Beispiel der ausgesprochene Hang des Oberfranken zum Kleinen, zum Fürsichbleiben und zur Seßhaftigkeit und Betriebstreue. Hier teilt der Franke mit seinem Bruder, dem Franzosen, noch immer den Spruch: „Mein Glas ist nicht groß, aber ich trinke aus meinem eigenen Glas." Man bescheidet sich und ist abhold aller Aufmacherei oder gar Wichtigtuerei. Faschingsaufzüge oder Demonstrationen sind keine Sache der Oberfranken.

Der unverbindliche Gemeinplatz genießt dafür den Vorzug vor aller spitzen Rede. So beendet man ein Gespräch gern mit einer beschwichtigenden Wendung wie „Was geschehen ist geschehen" oder „Die, die so sind, sind alle nicht anders". Für diese Philosophie des Nichtanstoßnehmenwollens, des generellen understatements aller Dinge und der Vorliebe des Herunterspielens und Verkleinerns dient dem Oberfranken vorzüglich das am häufigsten angewandte Adjektiv „klaa" (klein) und „a weng", gesteigert noch durch „a klaas bissla".

So wird der Bittsteller den Zuschußvergebenden etwa ansprechen: „A klaas bissla wird der Herr Präsident für unsern Schulbau schon locker machen?"! und er wird ungefähr erwidert bekommen: „A weng was wird schon dabei herausspringen, Schorsch."

Das ist ein vorzüglicher Verwaltungsstil der bedächtigen Annäherung von beiden Seiten in einem Land zumal, in dem zwar keine lernäische Hydra mehr züngelt, aber noch ein feuerspeiender Lindwurm in den Wagner'schen Requisitenkammern am Bayreuther Festspielhügel auf seinen nächsten Auftritt im „Siegfried" wartet und tiefenpsychologisch daher noch vorauswirken könnte.

Nicht einmal ein Viehhändler in Oberfranken, der berufsmäßig doch grob anfassen muß, würde mit der Tür ins Haus fallen. Bevor er in das Geschäft eintritt, wird er sich erst einmal nach der Großmutter, ihrem Elend und ihren „krumma Baa", oder dem verregneten Heu erkundigen. Ein frischgebackener Regierungsrat aus Bayreuth aber gar, der einen Bamberger Bürger zu forsch anraunzen würde, bekäme wohl unweigerlich zu hören, daß auf dem Schloßplatz in Bayreuth sich die Wildschweine noch gesuhlt haben, als auf dem Domberg in Bamberg Kaiser und Papst schon um die Verwirklichung des Augustinischen Gottesstaates gerungen haben.

Der Stil freundlicher Aufgeschlossenheit herrscht in Oberfranken aber nicht nur in Ämtern vor, die frische Luft weht vom Steigerwald bis zum Fichtelgebirge durch den ganzen Handel und Verkehr und die Arbeitswelt. Oberfranken ist alles weniger als ein muffiges oder verschlafenes Land.

Der „helle" Oberfranke würde nie in die zwergenhafte Kleinstaaterei seiner Vergangenheit zurückkehren wollen. Er liebt zwar das Kleine und stellt gern die im eigenen Land massenweise hergestellten Zwerge und Rehlein in seinem Vorgärtlein auf. Zwischen den Extremen des Kantönli- und Hansa-Geistes, zwischen provinzlerischem Denken also und Großgebiets-Reformallüren, hat sich noch zu wenig oberfränkische Gemeinsamkeit stilisiert.

Noch haftet den so verschiedenartigen Städten und Landschaften Oberfrankens etwas von einem künstlich diktierten Zusammenschluß an. Die Konstitution einer oberfränkischen Bezirksverfassung über die Konfusion der bis dahin gegenseitig sich bekämpfenden im Gebiet des heutigen Oberfrankens liegenden Gebietsherrschaften ist ein Dach, das noch zu wenig schließt.

Um aber in den wie die Zwerglein so beliebten Westentaschensprüchlein fortzufahren: Was nicht ist, kann noch werden. Gut Ding braucht Weile, und aus einer Vernunftheirat ist schon oft eine Liebesehe geworden.

So wie aus den verschiedenen Wappenemblemen der früher nicht zusammengehörenden Einzelstaaten ein harmonisch überzeugendes Wappen des Regierungsbezirkes geschaffen worden ist, so fordern heute – könnte man es vergleichen – die Politiker und Vertreter der Ämterstellen ein gemeinsames „Oberfrankenbewußtsein", um stärker für die Gesamtinteressen Oberfrankens auftreten zu können, um „mit einer Zunge" zu reden. Oberfranken „müsse Flagge zeigen". Die Fahnen liegen in den Schubladen der fortschrittlichen

Städte und Dörfer schon bereit. Vom Lehrstuhl für Wirtschaftsgeographie in Bayreuth hören wir es wissenschaftlich formuliert: „Oberfranken müsse sein eigenes Image als Region entwickeln." Wenn auch von diesen Schalmeien unsere Herzen noch nicht stärker oberfränkisch klopfen und niemand das Scheffel'sche Frankenlied umzudichten gedenkt „Laßt uns ins Land der Oberfranken fahren", im Ruf nach mehr oberfränkischer Gemeinsamkeit steckt etwas Richtiges und Zukunftweisendes.

In der Bevölkerung zusammengefaßt, entspräche Oberfranken ungefähr der Stadt München. Was wäre aber das für ein überwältigender Eindruck, wenn nur alle Architekturdenkmäler, Museen, Theater, Hochschulen Oberfrankens an einem Boulevard harmonisch gereiht beieinanderstünden. Aus dieser kühnen Unterstellung kann man ermessen, wie sehr der Oberfranke sein Licht noch unter den Scheffel gestellt hat.

Holt sie deshalb heraus, die schwer zu bewegenden oberfränkischen Eigenbrötler, Freizeitbastler, Häusleboßler, Fernsehglotzer, Biertischwafen und Kartenklopfer aus ihren filzigen Ecken. Die Feststellung macht nämlich nachgerade betroffen, wie wenig der Oberfranke der einen Ecke vom Nachbarn Oberfranken aus der anderen Ecke weiß. Jeder Oberfranke müßte mindestens vier Zeitungen zugleich lesen, um über die Veranstaltungen und Ereignisse in Oberfranken informiert zu sein.

Wetten, daß wenige Coburger wissen, wo die Grenzen Oberfrankens im Süden verlaufen und ob die Stadt Pegnitz noch zu Oberfranken gehört? Wetten auch, daß mehr Busausflüge der Schulen und Betriebe nach Rüdesheim und Berchtesgaden gemacht werden als zu den Herrlichkeiten des Bamberger Doms, des Kulmbacher Turnierhofes, des Bayreuther Markgrafentheaters und so weiter? Wetten auch, daß die Gärtner aus dem gesegneten „Gottesgarten" des Bamberger Kessels keine Ahnung davon haben, daß ihre ganze Wäsche und Montur im sogenannten „Wäsche- und Kleiderschrank" des Frankenwaldes und des Vogtlandes hergestellt wird und daß aus dem europäischen Herzbrunnen des Fichtelgebirges nicht nur Rhein, Elbe und Donau gespeist werden, sondern von dort aus auch die schönsten Porzellane und Gläser und geschliffenen Granitsteine ihren Ausgang nehmen nach allen Richtungen?

Obwohl umfangmäßig der kleinste bayerische Regierungsbezirk, gibt es bereits innerhalb Oberfrankens Verständigungsschwierigkeiten: Als vor ein paar Jahren die Industrie- und Handelskammer in Bayreuth einen Kulturpreis für Dialektforschung in Oberfranken zu vergeben hatte, war sie gut beraten, den Preis in fünf Teile zu zerkleinern und diese in alle Ecken Oberfrankens zu verstreuen. So hat sich wenigstens jeder Oberfranke in seinem Sprachwinkel ohne Übersetzer an den Versen seines prämiierten Heimatdichters erfreuen können. Daß von den fünf oberfränkischen Kulturpreisträgern keiner den anderen kannte und erst recht nicht seine Versla getreu hätte wiedergeben können, spricht Bände für etwas sehr Wesentliches der oberfränkischen Szene. Überall geistert noch die Hydra mit ihren zu vielen Köpfen und Zungen und vielsprachigen Urlauten umeinander.

So muß man sich fragen: Wer hat denn dieses oberfränkische Gebilde geschaffen, das sein Selbstverständnis noch nicht gefunden zu haben scheint? Wer hat das stolze, einst von der Nordsee bis zum Mittelmeer und vom Atlantik bis in die ungarischen Steppen reichende Regnum Francorum, von dem um 1800 nur noch ein politisch zerrissenes Ostfranken zwischen Fichtelgebirge und Spessart übriggeblieben war, nochmals zertrümmert und stockwerkweise in ein Ober-, Mittel- und Unterfranken unterteilt?

Das aus Bauelementen mehrerer Großlandschaften eigenmächtig herausgeschnittene Novum Oberfranken geht weder auf Heiratspolitik noch auf Eroberungen noch auf Erbfolge zurück. Oberfranken hat seine Entstehung einem behördlichen Zeugungsakt zu danken. Es ist die Verordnung vom 29. November 1837, abgedruckt in dem Regierungsblatt des Königreichs Bayern. Wir stoßen hier also auf obrigkeitliche Initiativen, die sich entsprechend ihrer papierenen Herkunft vor allem im Blätterwald der amtlichen Institutionen wie Verordnungsblätter, Telefonbücher, Landkarten niedergeschlagen haben und dort ihre Dienste leisten.

Doch geht der Oberfranken-, Mittelfranken- und Unterfranken-Verordnung vom Jahr 1837 eine nicht zu übersehende Vorgeschichte voraus:

Um die Wende des 18. zum 19. Jahrhundert war, wie Napoleon in Europa, Staatsminister Graf Montgelas in Bayern an allem schuld. Als Meister am Spieltisch des von dem Konsul Bonaparte eingeleiteten großen europäischen Länderpokers hatte er durch sein geschicktes Taktieren und Paktieren erreicht, daß das Kurfürstentum Bayern Stufe um Stufe bei der allgemeinen Flurbereinigung der zahllosen Kleinterritorien zu den meistbegünstigten Ländern aufgestiegen war. Es blieb in der Folge aber nicht beim Abrunden des altbayerischen Kernlandes. Das 1806 zum Königreich erhobene

Bayern verleibte sich vielmehr ganze Länderkomplexe wie Franken und Schwaben ein, ohne sich seinen Magen an diesen bereits mürben Brocken zu verderben.

Doch kam es jetzt für den klugen Staatsmann Montgelas und seine glasklare und verstandeskühle Politik darauf an, das erweiterte Staatsgebiet nach innen zu verstraffen und auf die Zentrale in München auszurichten. Er brachte von seiner Person dazu die besten Voraussetzungen mit. Als Schüler der berühmten Straßburger Diplomatenschule und Idealtyp eines Verstandes-, Willens- und Leistungsmenschen Voltair'scher Prägung unterschied er sich vom Freiherrn vom Stein dadurch, daß er auf den Ideen des Staatsabsolutismus aufbaute. Er kannte nur eine Geschichte des Staates und des Staatsrechts, nicht aber eine des Volkes und der Volksstämme.

Aus dieser Grundeinstellung setzte sich Montgelas daher kalt über die verschnörkelte Welt der 83 Länder, Ritterkantone und Ländchen Frankens hinweg, die bald geistlich, bald weltlich, bald protestantisch, bald katholisch, bald monarchisch, bald stadtrepublikanisch war und ihm den verächtlichen Ruf abnötigte, daß das alte Reich nichts anderes als ein Trümmerhaufen und Chaos gewesen sei.

Hier mußte vom pragmatischen Standpunkt und vom Meßtisch her ein neuer Staat geplant und gebaut werden. Nach dem Muster der nach Flußnamen benannten, allein auf Paris ausgerichteten französischen Departements teilte Montgelas ohne Rücksicht auf geschichtliche, religiöse oder geographische Zusammenhänge das ganze Bayern zunächst in fünfzehn, später neun, zuletzt sieben ungefähr gleichgroße Generalkommissariate ein.

Bei aller Härte der Eingriffe und manchen Mißgriffen muß man Montgelas zugute halten, daß die sturmbewegten Kriegs- und Revolutionsjahre alle Maßstäbe und Ordnungen ins Wanken gebracht hatten. Nur durch Montgelas' radikale „Revolution von oben" konnten die altbayerischen, fränkischen und schwäbischen Provinzen zur Einheit des neuen Königreiches verschmolzen werden. Nach dem bewährten Grundsatz des divide et impera lag es nur allzu nahe, den größten Happen Franken nicht als Ganzes einzugliedern und ihm eine Hauptstadt oder gemeinsame Gremien zu geben, die vereint recht wirksam gegen München hätten opponieren können.

Noch heute fehlt Franken jede gesamtfränkische Institution. Seine Regierungspräsidenten treffen sich eher in den Gängen der Münchener Ministerien als am heimischen Herd. Nur die Frankenchronik und das Studio des Bayerischen Rundfunks in Nürnberg darf sich heute als Stimme für die Franken betrachten, die gesamtfränkischen Interessen zu Worte verhilft.

Erst nach dem Sturz Montgelas 1817 kamen unter dem Einfluß des Kronprinzen Ludwig liberalere Ideen vor allem auf dem Gebiet der Kulturpolitik zur Geltung. Als König zeichnete sich Ludwig I. durch seine loyale Überzeugung aus, daß sich ein geschichtlich begründetes landschaftliches Sonderbewußtsein sehr wohl mit der Staatseinheit vertrage. Die Herkunft und Vergangenheit der nordbayerischen Gebiete sollte keineswegs verwischt, verschleiert oder unterdrückt, sondern sichtbar gemacht werden.

Das war eine gute Vorgabe für ein echtes Zusammenwachsen in den erweiterten Grenzen. Es ist dem aufgeschlossenen Geist dieses Königs zu verdanken, daß durch die erwähnte Verordnung aus dem Jahr 1837 die bisherigen Namen der Generalkommissariate nach Flußläufen umgewandelt wurden.

Aus dem Generalkommissariat Untermainkreis wurde der Regierungsbezirk Unterfranken, aus dem Rezatkreis Mittelfranken und aus dem Obermainkreis der heutige Regierungsbezirk Oberfranken. Die in die entgegengesetzte Richtung des Mains abschwenkenden Flüsse Saale, Eger und Naab brauchten sich nun nicht mehr von der Bezeichnung „Obermain" vergewaltigt zu fühlen. Vor allem aber war der Bezug zu dem politisch untergegangenen Franken in den Endsilben der nordbayerischen Provinzen durch diese Verordnung wiederhergestellt.

Das auf der Montgelas'schen Länderwaage austarierte und von Münchener Zuschneidern dreigeteilte Franken ist allerdings als Gesamtfranken damit von der politischen und geographischen Länderkarte verschwunden. Von den drei neuetikettierten Regierungsbezirken Ober-, Mittel- und Unterfranken setzt sich jeder aus ganz verschiedenen früheren Hoheitsgebieten zusammen.

So entstand Oberfranken aus den fürstbischöflichen Territorien Bambergs, aus den markgräflichen Landen von Kulmbach und Bayreuth und schließlich aus den auf fürstlichen Länderkarten mit Vorliebe früher unterschlagenen reichsunmittelbaren Territorien der fränkischen Ritter, die sich zur Festigung ihrer Stellung gegen ihre großen Nachbarn zu Ritterkantonen zusammengeschlossen und einen Ritterhauptmann zu ihrer Vertretung nach außen gewählt hatten.

Topographisch gesehen hatten sich diese souveränen, nur dem Kaiser unterstehenden reichsunmittelbaren

Ritterschaften vor allem an den Nahtlinien der größeren Territorien behauptet. So hielt sich zum Beispiel auf dem nördlichen Jura zwischen dem Bamberger Hochstift im Westen und dem Markgrafentum im Osten der Ritterkanton Gebürg.

Geschichtlich geht die Interessenteilung mitten durch Oberfranken weit zurück. Das große Geschlecht der Andechs-Meranier, das den Herzogstitel kraft seiner großen Besitzerwerbungen weitherum im Reich erhalten hatte und eine königsnahe Stellung einnahm, brachte es nicht wie die Wittelsbacher dazu, eine geschlossene Landesherrschaft (territorium clausum) in Franken aufzubauen und die tragischerweise gerade im Herzland des Reiches seit den Karolingern und Konradinern verwaiste Stammherzogsrolle zu übernehmen.

Wahrscheinlich lag der Grund für die mangelnde Nachfolge aber gerade auch in der zentralen Lage, die dem Herzogtum Franken keine Ausdehnungsmöglichkeit durch Bildung von raumerweiternden Marken zuließ. So sank der wichtigste Herzogsposten in Franken zu einem leeren Titel des Würzburger Bischofs herab. Gewiß sind die Franken aber auch der Verführung ihrer vielgestaltigen Landschaften erlegen. Für das kostbare Gut eines eigenwilligen kulturellen Sonderdaseins haben die Franken einen hohen Preis bezahlt: Sie haben dafür die Einheit und die Führungsaufgabe als Land der Mitte verspielt. Zu den großen Leistungen der Meranier in Oberfranken zählen der Ausbau von Kulmbach mit der gewaltigen Plassenburg und die Erschließung der noch schwach und zunehmend von vordringenden Slawen besiedelten Länder um Bayreuth und Hof, die um 800 noch auf Landkarten mit „terra slavorum" eingezeichnet waren.

Als es nach dem frühen Aussterben der Meranier und dem bald folgenden Erlöschen ihrer Nachfolger, der Grafen von Orlamünde, zu einer Teilung ihrer Gebiete zwischen den Hohenzollern'schen Burggrafen von Nürnberg und dem Bistum Bamberg kam, bestimmte fortan bis zur Gegenwart eine Polarität zwischen Westen und Osten das politische Leben der Region. Dieser Gegensatz wurde nach der Reformation noch verschärft durch die zusätzliche Verschiedenheit der Konfessionen.

So konnte zum Beispiel bei der Aufstellung neuer Landratsamtsgrenzen für die zwischen Bayreuth, Bamberg und Forchheim liegende Fränkische Schweiz trotz offensichtlicher zentraler Fremdenverkehrsinteressen keine einheitliche Zuteilung des landschaftlich zusammengehörigen Gebietes an ein einziges Landratsamt erreicht werden. Es mußte für den zwischen dem Osten und Westen schon immer umstrittenen, von bizarrer Natur ausgezeichneten und von aufsässigen Rittern auf unzähligen Burgen einst zäh verteidigten, heute touristisch hochgespielten Landstrich der „Burgen, Höhlen und Mühlen" ein dreiteiliger Gebietsausschuß der drei teilweise zuständigen Landratsämter gegründet werden.

Wieder spukt die vielköpfige Hydra und rumort der oberfränkische Grundkonflikt zwischen West und Ost und katholisch und protestantisch.

Der Gärungsprozeß hin zu einem ausgereiften Oberfrankenbewußtsein scheint mir auf jeden Fall noch in vollem Gang zu sein. Aber das ist ja gerade das Gemeinsame und Besondere, daß es in den oberfränkischen Landen immer stärker als anderswo wallt und siedet und brodelt und kocht.

Oberfranken ist nun einmal der buntest gewürfelte, der spannungs- und konfliktreichste und damit sicher der interessanteste, aber auch schwierigste Bezirk innerhalb Frankens.

Wie zu Montgelas' Zeiten stellt sich auch heute für Oberfranken die herakleische Doppelaufgabe: Bezwingung der Vielköpfigkeit und Brückenschlagen zu Gemeinsamem. Beides im Stil eines wohlwollenden und freundlichen Herunterspielens der nun einmal vorhandenen Gegensätze.

Für Oberfranken bietet sich das lateinische Sprichwort an: Saphientis est, ordinare – auf oberfränkisch übersetzt: es ist Aufgabe der Vernünftigen, a weng Ordnung zu schaffen.

Je besser dies auf allen Gebieten gelingt, desto stärker wird sich daraus von selbst ein Oberfrankenbewußtsein und eine Heimatliebe über den dörflichen Kirchturm hinaus zu dem mit so wunderbarer Vielfalt gesegneten Oberfranken ergeben.

DER FRANKE IST EIN GEWÜRFELTER

Wo immer in Franken der Gesangverein zum cantus aus voller Brust angetreten oder die freiwillige Feuerwehr zum Löschen des Durstes bei feierlichen Anlässen aufmarschiert ist, ergibt der Anblick das erheiternde Kraut- und Rübendurcheinander eines Obst- und Gemüsemarktes. Es mischen sich Rundkopf und Schmalgesicht, Kurzbein und Langgestänge, Dunkelschopf und Blondhaar, Hakennase und Stupsgesicht, als hätte ein Theaterdirektor alle Chargen seines bunten Repertoires in Franken zusammengestellt.

Wer in Franken nach Rassen und Typen forscht, begibt sich in einen Irrgarten. Urbevölkerung, Völkerwanderungen, Heeresdurchzüge, Flüchtlingsströme und zuletzt die Scharen der Gastarbeiter haben fremde Merkmale in die verhältnismäßig dünne Oberschicht der fränkischen Eroberer gesprenkelt und Sprachsplitter aus Frankreich, Böhmen und den USA in die einheimische Mundart eingebracht.

Es nützt auch nicht viel, an der Vergangenheit sich orientieren zu wollen und etwa bei den zahlreichen und berühmten Bildhauern und Malern Frankens Umschau zu halten. Den exemplarischen Charakterkopf des Franken und das unverwechselbare Gesicht der Fränkin wird man auch dort nicht ausfindig machen können. Noch nicht einmal ist es gelungen, den Franken in der

Karikatur unverkennbar darzustellen, bei allen Ehren für das noch gelegentliche Vorkommen der spitzen langen Frankennase des kinderreichen Frankenvaters Karls des Großen.

Selbst Maria, die Schutzherrin und Herzogin von Franken, wurde nach den Worten von Novalis „in tausend Bildern hier lieblich ausgedrückt". Aus jeder der vielen mit ihr geschmückten alten Hausnischen und Kirchenwände blickt eine andere Maria herab. Die bedrängten Viehhalter werden vielleicht die Maria aus der Dorfkirche in Laub bevorzugen, die schon seit einem halben Jahrtausend breitausladend wie eine energische Bauersfrau auf ihrer Säule steht und mehr nach gutem Heuwetter als nach himmlischen Offenbarungen auszuschauen scheint. Die seelisch Bedrückten mögen sich dagegen zu der edlen Verhaltenheit der Mutter Gottes aus der Kreuzigungsgruppe in Münnerstadt hingezogen fühlen, für die eine gütige Äbtissin aus einem der adeligen Nonnenklöster Frankens als Abbild gedient haben mag. Mit tänzerischer Grazie hinwiederum hebt die Maria aus der Rokokofassade des Hauses Flach in Marktheidenfeld ihre bauschigen Gewänder an, als wollte sie sich zu einem Walzer himmelwärts wiegen.

Im vielgesichtigen Franken findet jeder Suchende seinen Tröster und seine Trösterin von der Erdverbundenheit über das Vergeistigte bis zur frohen Sinnenlust, in Coburg kann der Bedrückte sich sogar an einen Mohren halten, den die Stadt schützenden Heiligen Mauritius.

Das Vielfältige, das ist zum Segen oder Unsegen der Generalnenner für Franken. Das gilt nicht nur für das verschiedene Aussehen und Herkommen seiner Bewohner, das gilt auch für die Mannigfaltigkeit seiner Landschaften und den Abwechslungsreichtum seiner Bauten und Stile, und galt einst politisch für das Gewirr seiner ineinandergeschachtelten großen, mittleren und kleinen Territorialherrschaften mit ihren geistlichen und weltlichen, städtischen und ritterschaftlichen Herren, über deren Selbstherrlichkeit und hochgehobener Nase fern am Firmament das Funzellicht des kaiserlichen Kronleuchters glimmte.

Im zusammengewürfelten Franken, dieser nie zustande gekommenen Nation, dieser auf keiner politischen Länderkarte unter dem Namen Franken aufzufindenden Stammesbrüderschaft, diesem Land ohne gemeinsame Interessenvertretung, ohne gemeinsame Zeitung, ohne gemeinsame Hauptstadt, wäre es selbst dem aufmerksamsten Beobachter unmöglich, die Grenzen abzustecken, denn es überdecken sich die Dialekte und Gebräuche an der Peripherie und werden vom Nachbarlichen der Oberpfälzer, Altbayern, Schwaben, Hessen, Thüringer und Sachsen mitbestimmt. Eine wahrhaft bunte Skala von deutschen Stämmen und Charakteren rings um Franken herum! Aber gerade in diesen Randzonen, in denen die verschiedenen Stammeseigenschaften aufeinanderprallen, kann man deutlicher erkennen, was typisch noch fränkisch und was typisch nicht mehr fränkisch ist.

Wer z. B. als Jurist in den Grenzgebieten gegen Thüringen mit Vertragsabschlüssen zu tun hat, dem wird die diametrale Einstellung der Nachbarn in die Augen fallen. Die Thüringer sind ein ernsteres Volk und neigen schon dem Norddeutschen zu. Für sie bedeutet jedes Wort und jeder Paragraph sehr viel. Dort wurde Luther geboren, der es mit der Auslegung der

Bibeltexte sehr genau genommen hat. Dem Thüringer gilt jeder Einzelpunkt als ein sacro sanctum, an das er sich zu seinen Gunsten oder Ungunsten strikt hält. Der Franke hingegen schludert gern und gleicht hier dem Österreicher. Er vertraut von vornherein darauf, daß sich später schon alles finden wird. Schließlich ist man ja wendig genug, um sich jeweils anzupassen. Man vertraut mehr seinem gleichgearteten Partner als allem Fitzelkram des Geschriebenen.

Durch nichts zeigen die Menschen ihren Charakter deutlicher, als durch das, was sie am andern lächerlich finden. So sehr die Franken mit den Sachsen die Helligkeit und Fixigkeit des Verstandes teilen, so reizt sie um so mehr das kleinbürgerliche sächsische Selbstbehagen, womöglich beim „Blimchenkaffee", zum Spott. Mit den empfindlichen Sachsen kann man keine Pferde stehlen.

Vom schwerblütigeren und von seßhafter Bäuerlichkeit geprägten Oberpfälzer ist der bewegliche Franke genauso leicht zu unterscheiden wie vom bedächtigen und überaus ordentlichen Schwaben. Gegenüber deren festgegründeter Solidität kommt sich der Franke leicht als ein lockerer Spaßvogel vor, der sich in einen Kreis zu gesetzter Leute verirrt hat.

Gegen Süden sieht sich der Franke dem exemplarisch gestandenen und ausgeprägten Wesen der Altbayern gegenüber, die fest in sich und ihrem Land gegründet sind und daher eine einseitige Weißwurstgrenze gegen Norden gezogen haben. Sie greifen nicht über diesen cordon blanche hinaus. Sie haben sich für die hinzugekommenen fränkischen Adoptivkinder niemals übermäßig interessiert, geschweige denn dort niedergelassen.

Die anpassungsfähigeren Franken haben sich in ihrer schnellen Bereitwilligkeit zunächst zwar gründlich überfahren und als geteilte, auf München ausgerichtete Provinzen unterordnen lassen. In der zweiten Reaktion, die bei temperamentvollen Menschen immer schnell nachfolgt, haben sie es aber verstanden, mit einem überproportionalen, quasi Sechsämterschluck eine Vielzahl einflußreicher Posten in München für sich einzuheimsen. Franken und Bayern leben miteinander in einer Harmonie der sich nicht reibenden Gegensätze.

Es bleiben im Westen noch die Hessen übrig, mit denen die Franken von Stammesherkunft und auch von geschichtlicher Durchdringung her am nächsten verwandt sind. Hier geraten die Unterschiede am deutlichsten an den Stammtischen zutage, wenn die stets aufmüpferischen Hessen, diese rotrevolutionären Schlechtschwätzer, diese Schinderhannes- und Dantontypen, mit einem „roten Herzog" einst an der Spitze, dem fröhlichen Optimismus der Franken eines versetzen.

Zu all diesen Verschiedenartigkeiten wird in Franken nicht einmal auf die gleiche Weise geräuspert, geflucht und tarockt. Damit das Maß des Unterschiedlichen gar noch voll werde, reagiert auch jeder noch anders, der Biertrinker anders als der Weintrinker, die Evangelischen anders als die Katholischen, die Fichtelgebirgler anders als die Mainhäker, die Fürther anders als die Nürnberger usw. Der Franke erleichtert den übrigen Bundesbürgern das Zurechtfinden, wenn er sich nicht als Franke vorstellt, sondern als Bayreuther, Bamberger, Aschaffenburger, Hofer, Ansbacher, Coburger usw., um sein spezifisches Lokalgerüchle den nichtfränkischen Nasen nahezubringen.

Wenn noch vor 200 Jahren die Flößer und Schiffer entlang des windungsreichen Mains vom Frankenwald bis zum Spessart hinunter an nicht weniger als 32 Zollstationen von verschiedenen Gebietsherren zur Kasse gebeten wurden, so offenbart sich darin das ganze regionale Durcheinander und der Fehlschlag der großen Reichsidee, die die früh ausgestorbenen fränkischen Stammesherzöge diesem Land der europäischen Mitte zugedacht hatten.

Die Vorzüge und Mängel der vielzerspaltenen Umwelt und Geschichte haben sich auch auf den fränkischen Menschen ausgewirkt, ihn geformt und herausgefordert. Zum Zurechtfinden in dem Wirrwarr des Völkertiegels, in dem Mosaik der Landschaften und der Willkür der noch heute nicht beendeten Gebietsaufteilungen mußten sich die Franken eine ganz besondere Einstellung und Taktik zu eigen machen, um sich den ständig wechselnden Situationen anzupassen.

Was aber taten die Franken, um sich nicht im Bruderzwist aufzureiben und um nicht allzuoft in Unterwürfigkeit das frank und freie Haupt zu beugen? Die hervorstechenden Vertreter entwickelten und kultivierten mehr unbewußt als bewußt eine Eigentümlichkeit bis zur höchsten Fertigkeit und Perfektion: Sie wurden zu „Gewürfelten". Manche werden stutzen, weil sie vielleicht das Wort „gewürfelt" noch nie gehört haben. An fränkischen Stammtischen ist es jedoch gebräuchlich und wird häufig angewendet, wann immer nur einer dieses hohe Lobesattribut verdient. Ein „Gewürfelter" ist ein Mensch, den es im Leben schon genug hin und her, auf und ab geworfen hat, einer daher, der sich auskennt und anpaßt, der, wie die Dinge auch immer laufen, seinen eigenen Standpunkt zu beziehen und etwas Treffendes dazu auszusagen weiß. Wo anders würde man vielleicht von „gewiegt" oder „gevift" sprechen, obwohl es nicht ganz das gleiche bedeutet. Wird einem ein Anwalt oder ein Politiker als „gewürfelt" empfohlen, dann kann man auf ihn bauen. Er wird sich in allen Situationen bewähren. Ein gewürfelter Mann genießt in Franken durch seinen erdnahen Realismus höchste Achtung und Vertrauen.

Was aber ist das Besondere des Würfels und des Gewürfeltseins? Der Würfel ist wie der Franke ein widersprüchliches Ding. Er ist weder eine Kugel noch ein Kubus. Durch Abrundung seiner Ecken und Kanten vereinigt er aber die Funktionen von beiden: Er rollt und steht.

Genauso vermag der gewürfelte Franke dank seiner in den Wechselfällen des Lebens und insbesondere seines Landes erworbenen Abgeschliffenheit und Umgänglichkeit die größten Kontraste zu verbinden: Er ist beweglich und standfest zugleich, vigilant und altfränkisch nebeneinander. Der Franke ist ein Phänomen des einen und des anderen und das in einer ganz und gar unproblematischen, ja heiter und naiv unbeschwerten Weise.

Wie der Würfel auch immer fällt, tröpfelt es dünn oder regnet es Dukaten, der Franke in seiner Gewürfeltheit ist immer da, so oder so. Schaut die schäbige 1 nach oben, hat er Witz und Ironie bereit. Bei der 2 hebt er bedächtig einmal die rechte und einmal die linke Schulter und sagt nicht so und sagt nicht so. Bei der 3 beschwichtigt er sein zur Unruhe neigendes Wesen: „Noja, wart mer halt noch a weng." Bei der 4 spitzt er seine Schlitzohren. Kommt endlich einmal eine 5 auf den Tisch, markiert er den Uninteressierten. Aber bei der 6, da ist was los. Da haut er mächtig auf den Tisch. In diesem Zustand ist er in seine kritische Phase getreten. Nur jetzt kein zu beifälliges oder zu abfälliges Wort. Heuss hat sich getäuscht. Die Franken sind nicht nur die Sanguiniker unter den deutschen Stämmen. Sie vereinen unter den vier Temperamenten mindestens drei gleichzeitig in sich. Das gehört auch so zu ihrem gewürfelten Wesen. Nur Melancholiker sind sie mit aller Bestimmtheit nicht; mit der einzigen Ausnahme vielleicht, wenn man sie einmal tadelt. Die geringste Kränkung macht sie krank, während Lob sie zu vervielfachter Leistung anspornt.

Der große Buchstabe „W", wie im Würfel, das ist überhaupt der Geheimcode zum Franken. Wie das B und B bei der Brigitte Bardot und das M und M beim Matheus-Müller-Sekt sich gut merken lassen, so sollte man sich die drei W für Franken einprägen. Das, was nämlich genau das Gewürfelte des Franken ausmacht, ist das Wendige, das Witzige und das Widersprüchliche, wobei Witz im Altnürnberger Sinn auch Erfindungsgeist und Einfallsreichtum bedeutet.

Lange Zeit habe ich die Frage für unlösbar gehalten, ob es, wie z. B. für den Berliner oder den Altbayern, auch für den Franken einen Witz gibt, der ihn in seiner unverkennbaren Eigenart enthüllt und nur auf ihn gemünzt sein kann. Im Besitz der delphischen drei W wage ich ein kleines Probestück des Wendigen, Witzigen und Widersprüchlichen zum besten zu geben:

Ein Betrunkener geht spätnachts laut singend vom Wirtshaus nach Hause. Der ihm begegnende Polizist mahnt ihn: „Sing' etz net so laut, wennst hamm gäihst." Darauf prompt der Angesprochene: „Wer sagst denn, daß i hamm gäih?!"

Wie oft bin ich hierzulande dieser Verdrehungskunst und flinken Zunge begegnet.

Wo Schlitzohrigkeit und Pfiffigkeit hinzutreten, hält der zum Schabernack neigende Franke einen weiteren, wenn auch leicht anrüchigen Ehrentitel bereit. Es ist der des „Freckers". Mit Schmunzeln und Augenzwinkern erzählt man dann von seinen derben Streichen und Eulenspiegeleien. Als Musterbeispiel dieser Gattung könnte der Raubritter Eppelein von Gailingen gelten. Er soll einmal eine hohe Wette gewonnen haben, indem er es fertig brachte, einer Patrizierbraut aus dem verfeindeten Nürnberg just am Hochzeitstag einen saftigen Schmatz auf die Lippen zu verabreichen.

Das Wendige, das Witzige und das zwangsläufig damit verquickte Widersprüchliche lassen sich in Franken nur so aus dem Ärmel schütteln. Kein Wunder, daß ein großer Franke, nämlich Ulrich von Hutten, das Verslein auf sich geprägt hat:

> Nehmt mich nicht als ein aufgeschlagen Buch
> ich bin ein Mensch mit seinem Widerspruch.

Er hat dies für alle Franken ausgesprochen. Vom Widersprüchlichen her gesehen ist Franken das Land der unbegrenzten Möglichkeiten.

Wie ist es z. B. nur möglich, daß in einem Land der höchsten Präzision, der Erfindung der ersten Taschenuhr, der Feinmechanik, der dünnsten Nähnadeln, der exaktesten Kugellager, der filigransten Porzellane usw. Abgründe der Schlamperei existieren, wo Landmaschinen in Brennesselwildnissen verrotten, Wäsche daneben flattert, Enten darunter in Pfützen watscheln, die genährt werden von Jaucheabflüssen aus dem Misthaufen direkt vor der Haustüre, während doch gleichenorts neumodische Glasziegel und zitronengelbe Plastikvordächer der alten Hütte ein neues Ansehen verleihen sollen. Der fortschrittliche Farbfernseher in der Küche wird auf Urvätermobilar empfangen werden, denn das Alte „tut's schon noch" und vom liebgewordenen Geraffel will man sich auf keinen Fall trennen. Man ist leicht verführbar zu Neuanschaffungen und unrührbar und altfränkisch im Festhalten am Althergebrachten.

Wenn der Franke alles Fremde und alle Fremden auch freundlich aufnimmt, so hindert ihn das nicht, zäh um sein Recht zu kämpfen und sei es nur um einen Meter strittigen Grenzzaunes gegenüber den seit Urgroßmutters seligen Zeiten schon immer verfeindeten Nachbarn. Er ist versöhnlich und streitbar zugleich, treu in der Hauptsache mit Abweichungen auf Nebenwegen.

Immer hält der Franke mit flink gehandhabter Schaltung seine Vorwärtsgänge und seinen Rückwärtsgang in sich bereit. Das Bejahende steht dicht neben dem Verneinenden, das freundliche „wird gmacht" neben dem abweisenden „na, moch net", das Ungastliche im Alltag neben den überbrechenden Tafeln an den Festtagen, voran der Kirchweih, der Stich in das Universale und Europaverbundene neben der Verhangenheit im Lokalen und Provinziellen, der Funkelblick für zündende Ideen neben der Abneigung gegen jede Veränderung, das treuherzige Versprechen neben dem arglosen Nichteinhalten.

Der Franke übernimmt sich leicht in seiner sprunghaften Bereitwilligkeit und Offenheit. Das strenge Planen, Programmieren und Dosieren ist nicht seine Sache. Doch schenkt sein einfalls- und erfindungsreicher Schlendrian am Ende ihm oft die besseren Resultate.

Skasa Weiss kommt in seinem Buch „Deutschland Deine Franken" zu dem Schluß, daß die Franken auch heute noch „Germanias unbekannte Wesen" seien, deren Einordnung in feste Begriffe schlechthin nicht möglich sei. Ich gebe ihm recht. Den gemeinsamen Charakter der Franken zu beschreiben, die gar keinen gemeinsamen Charakter haben, grenzt an die magische Quadratur des Zirkels, an der sich schon berühmte Gelehrte den Kopf zerbrochen haben.

Dennoch – „ich hab's gewagt" – frei nach dem Wahlspruch Ulrich von Huttens – hab's gewagt, mit der Beschwörung des Gewürfeltseins meiner Stammesgenossen dem fränkischen Menschen ein wenig auf seine Schliche zu kommen, die ihn endlich doch in Stammesbrüderschaft vereinen.

Nun wäre das bloße Gewürfeltsein keine so attraktive Eigenschaft. Es hängt diesem Begriff etwas von Unstetigkeit und schnellem Sinnenwechsel an, Eigenschaften, die wir an unsern Mitmenschen nicht unbedingt schätzen.

Das Gewürfelte des Franken wird aber durch seine altfränkische Beharrlichkeit und sein heiteres Gemüt zu einem unbestreitbaren Vorzug aufgewertet. Schauen Sie die auf Kupferstichen zahlreich uns überlieferten Köpfe der Nürnberger Patrizier an. Sie wirken alle wie Erzväter der Rechtschaffenheit und können ein gutes Maß an Gravität, Ehrenfestigkeit und Fürsicht nicht von ihren breiten Schultern streifen.

Wenn es aber darum ging, die heiteren Seiten des Lebens wiederzugeben, dann stifteten die gleichen Bürger kunstvolle Brunnen mit lustigen Gänsemännchen oder neckischen Tugendgrazien, dann erdachten sie rührende Rauschgoldengel und bastelten verwegene

Zwetschgenmännlein, dann schmücken die Franken Gärten, Balkone und Fenster mit solcher Verschwendung und Liebe, daß es ihrem Land des Einfalls- und Erfindungsreichtums alle Ehre macht.

So hat der Franke dank seiner Vielseitigkeit und Gewürfeltheit das Paradoxon fertiggebracht, zu verbinden, was sich sonst meist ausschließt, und nebeneinanderzureihen, was selten so einträchtig vorkommt.

Zu dieser coincidentia oppositorum sei zum Schluß eine Beobachtung wiedergegeben, die ein Österreicher einmal vor einem Kreis Deutscher zum besten gegeben hat: Wenn man in Wien nach einer Straße früge, bekäme man eine liebenswürdige, aber falsche Antwort, in Berlin eine schroffe, aber richtige, und in München eine grobe und eine falsche.

Ich bin nun fast verlegen, nach der Reaktion des Franken auf sein Befragtwerden zu forschen, da nur noch eine Version übrigbleibt. Ich rechne aber mit Ihrer Zustimmung und Bestätigung, daß Sie in Franken tatsächlich eine bereitwillige und zutreffende Auskunft erhalten haben.

So endet mein kritisches Traktat über die zwar schwer beschreibbaren, im Grunde aber doch unverkennbaren Franken mit einer aufrichtigen Liebeserklärung an meine Landsleute, ob Kinder oder Erwachsene, die meine Nachfragereien im verzwickelten Franken durch ihre freundlichen und intelligenten Hinweise zu einem sehr angenehmen und zusätzlichen Fahrtenvergnügen erhoben haben.

DAS GROSSE JUBILATE DES BAROCKS

Nach den Schrecknissen des Dreißigjährigen Krieges und den Heimsuchungen der Türkeneinfälle gab es ein tiefes Aufatmen in den Ländern des alten Römischen Reiches Deutscher Nation. Die katholische Kirche hatte nach langer Erstarrung wieder zur Tiefe mittelalterlicher Frömmigkeit, die protestantische Kirche aus formalem Wortstreit zu echten Glaubensinhalten zurückgefunden.

Der wiedergewonnene Frieden entfachte eine religiöse Beseeligung, die die Länderentdeckungen und neuen Wissenschaften von dem Kreisen der Erde um die Sonne mit dem Glanz erhöhten, daß man in Gottes eigene Gedanken Einblick gewonnen habe.

Noch getragen von dem veredelnden Bewußtsein überwundener Leiden stiegen allenthalben schöpferische Kräfte auf, diesem Neuen in den schönen Künsten einen totalen Ausdruck zu verleihen. Das Anbetende, Verehrende, Glaubende, Jubelnde, Bejahende, aber auch das streng Geordnete und kopernikanisch auf einen Mittelpunkt Ausgerichtete, wurde zum Stil erhoben.

Ein Frohlocken wurde angestimmt. Es ging von Italien aus, wurde von Österreich und Böhmen weitergetragen und erfaßte bald jeden geistlichen und weltlichen Herrn, jeden Baumeister, jeden Handwerker, Musiker und noch den Köhler im versteckten Waldviertel auf seine Weise. In heidnisch sinnenfreudiger Lust wurde die göttliche und die weltliche Ordnung verherrlicht und ein Lobpreis dem höchsten Schöpfer und seinen Statthaltern auf Erden dargebracht.

Fröhliche Engelscharen füllten die Kirchen, schelmische Putten die Schlösser und Gärten und die Musik eines Händels und Bachs die Seele.

Kein Land aber ist mehrstimmiger in das große Jubilate eingefallen, als das mit vielfältigen Herrschaftsformen gleichsam am reichsten instrumentierte und von dem neuen und dem alten Glauben spannungsvoll kontrapunktierte Franken.

Nur in diesem Land bieten sich im dichten Nebeneinander die Gegensätze, nach einem Besuch der strömenden, breitgewölbten Feierlichkeit katholischer Kirchen mit ihrem Übermaß des Formenspiels und der Vergoldungen in die vornehme Verhaltenheit protestantischer Glaubenstempel eintreten zu können. Es ist ein Klimawechsel, wie wenn man von einem luxuriösen Treibhaus in die Atmosphäre einer kühlen Gruft träte. Der Gegensatz zwischen römisch und antirömisch, zwischen Nord und Süd, zwischen vegetabiler Üppigkeit und geometrischer Nüchternheit schlägt einem entgegen. Während dort die Katholizität mit dem flatternden Banner der Lebens- und Jenseitsfreude ihren triumphalen Einzug hält, wagt hier der Protestantismus den Altar zu sprengen und von der Kanzel über dem Altartisch dem Wort den Vorrang vor dem Mysterium einzuräumen. Gerade in Franken entsteht ein neuer Typus der Predigtkirche, karger zwar, doch hell und kräftig und oft von diskreter Noblesse und Grazie.

Damit sind die vielseitigen Formen des Barocks in Franken, in dem sich von allen Seiten die Einflüsse sammeln und niederschlagen, noch lange nicht erschöpft. Es ist der große Reiz der Ordensballei Ellingen, daß hier ähnlich wie im Hohenloheschen und Eichstättischen die fröhliche bayerische Note eines mehr bäuerlichen Barocks durchschlägt, während sich in Amorbach das leichtere Wesen der rheinischen Gegend mit der tieferen Kraft des fränkischen Wesens mischt, während wiederum in Coburg im Riesensaal das martialische thüringische Landgrafentum die Heiterkeit verschlägt.

In Franken wetteiferten nicht nur alter und neuer Glaube in sakralen Bauten miteinander, noch jeder Vetter suchte den anderen, jede Stadt die Nachbarstadt, der Ritter den Grafen, der Abt den Bischof und der Fürstbischof sogar den Kaiser durch weltliche Werke ruhmsüchtig auszustechen.

Die von den großen Schönborn-Fürstbischöfen erbaute Würzburger Residenz, die Napoleon das schönste Pfarrhaus Deutschlands nannte, übertraf bald die Stadtpaläste der Bischöfe in Eichstätt und Bamberg und der markgräflichen Widersacher im protestantischen Bayreuth, Erlangen und Ansbach. Kloster Ebrach maß sich mit Kloster Langheim und Banz mit Münsterschwarzach. Jede Dorfkirche bemühte sich, mehr Licht und größere Pracht in ihr Inneres zu zaubern. In den barocken Wallfahrtskirchen Vierzehnheiligen und Gößweinstein werden die frommen Pilger vom Schauer in die Knie gezwungen, im letzten Vorsaal vor dem Eingang in den Himmel zu sein.

Während die Sinnlichkeit des katholischen Barocks die Menschen elementar und unkompliziert sich ausleben läßt, band der evangelische Gottesdienst seine Anhänger durch die Hochsinnigkeit ihrer Prediger an sich. Nirgends wurde soviel geistliche Musik gepflegt und gesungen, am liebsten mehrstimmig, als in den evangelischen Pfarrhäusern. In der Missa solemnis der Chöre und der Instrumente und in der Messe vor dem barocken Hochaltar begegnen sich die beiden Konfessionen auf höchster Stufe.

Die Burgherren konnten von ihren schwer angeschlagenen und veralteten Trutzburgen nicht schnell genug in das Tal herabsteigen oder die alten Wassergräben zuschütten, um sich mit wohlgegliederten und lichten Palais der neuen Zeit anzupassen. Jeder der kleinen Territorialherren wollte einen Sonnenkönig spielen, wenngleich der Kleinzuschnitt der zu oft erbgeteilten fränkischen Besitzungen meist nicht einmal für einen Ludwig den XIVtel oder XVtel ausreichte.

Um in diesem Dschungel der fränkischen Sonnenkönige seine Vormachtstellung augenfällig zu demonstrieren, ließ der Kurfürst Lothar Franz von Schönborn, Erzkanzler des Reiches und Fürstbischof von Bamberg sein privates Schloß Pommersfelden inmitten des fränkischen Landes prächtiger und größer als alle anderen erbauen. Sein Rang als Erster im Land sollte mit den Mitteln überragender Kunst unüberhörbar über Städte und Lande hinausgerufen werden und vor allem dem fränkischen Ritterstand, der sich nach Kaiser Maximilian als der fürnehmste im Reich dünken durfte, unter die zu hochstehende Nase gerieben werden. Prachtentfaltung war damals gleich Machtentfaltung und absolutes Herrschertum nicht ohne den rangmäßig angepaßten großartigen Rahmen zu denken.

Barock läßt kurz vor der großen Wende der französischen Revolution die Urform der sakralpolitischen Gesellschaftsordnung mit dem Gottesgnadentum der Herrschenden und der Stufennachfolge der Stände nochmals glanzvoll auferstehen. Dieses hierarchische

Rangdenken fand seine vollkommenste Darstellung in der Architektur. Im Treppenhaus aber wird gleichsam die höchste Eskalation dieses repräsentativen Denkens erreicht. Im Herzen Frankens, in Pommersfelden, wird das schönste Treppenhaus des Barocks gebaut. Die Stiege, im gotischen Dom noch Hintertreppe, in unseren Bürohochhäusern nur noch ein Notausgang neben den Liftschächten, erhält den größten Raum und die zentrale Funktion des ganzen Gebäudes zugewiesen.

Das große Welttheater findet hier statt. Dero Fürstliche Gnaden stehen im Mittelpunkt dieses Koordinaten- und Stufensystems zum großen Empfang bereit. Der Hofzeremonienmeister hat dafür zu sorgen, daß alles auf Cellissime bezogen ist. Die Treppe hat neben dem Vergnügen für die Geladenen doch vor allem als Demonstration der Größe – der „Grandeur" – des Veranstalters zu fungieren. Wie bei den geistlichen Übungen jener Zeit, den „exerzitia spiritualia", wird alles auf eine Steigerung zum letzten Höhepunkt, zum „moment suprême", hinangetrieben. Maler und Plastiker haben zu diesem Zweck die Architektur fortzusetzen. Die Figurenkompositionen werden hierarchisch aufgebaut. Der inhaltlich-gedankliche Höhepunkt fällt mit dem architektonischen Scheitelpunkt zusammen.

In effektvoller Theaterwirkung endet die Decke in einem aufgeregten Götterhimmel. Alles ist einfallgesättigt, antikisch-heidnisch überdreht und von Allegorie und Bedeutung vollgesogen. Und sind es nicht die Götter oder Halbgötter oder gar der regierende Fürst selbst, die dort oben hoch im Deckenhimmel thronen und beispielhafte Taten vollbringen, so triumphiert am Ende doch immer etwas, die Göttliche Weisheit oder die Demut oder die Tugend, immer aber das Gute über das Böse, womit wiederum die Rangordnung auch in der moralischen Welt eingehalten bleibt.

Das ist das Faszinierende am Barock: Größte Gegensätze stehen nicht nur dicht nebeneinander, sie vertragen sich nicht nur, sondern steigern sich sogar, während Einzelheiten und Dekorationsformen als selbständige Motive betrachtet oft willkürlich, sinnlos, wenn nicht gar kitschig erscheinen, legitimieren sie sich im großen Ductus des Ganzen als wohlabgewogene Ausdrucksmittel eines dekorationsfreudigen Gesamtstils, der sich noch im kleinsten und bizarrsten Detail auslebt.

Neben dem Wuchernden, Ausschweifenden existiert strikt vermessende Nüchternheit. Ekstatik steht neben Planimetrie, Naivität neben Raffinement und Frivolität. Hinter opernhaftem Illusionismus verbirgt sich nicht selten letzte Sicherheit des Glaubens.

Im Barock scheint nichts unmöglich, keine Antinomie, der es nicht gewachsen wäre. Barock ist eine Synthese aus Antithesen. Die Barockzeit schlägt Brücken zwischen dem Heidnischen und dem Christlichen, zwischen dem Germanischen und Römischen und zwischen den Ständen der Herrschenden und Dienenden. Im großen Treppenhaus findet alles in hierarchischer Ordnung sich vereint. Hier endet im großen Unisono der schmetternden Fanfaren und schmeichelnden Flöten und Geigen das Concerto grosso des Barocks. Hier wird im großen Jubilate zum Lobpreis des irdischen und überirdischen höchsten Herrn aufgerufen. In der göttlich vorgegebenen Ordnung, in der prästabilierten Harmonie, wie sie der Philosoph der Zeit Leibniz für das ganze Weltall entwickelt, gipfelt der Absolutismus dieser großen Epoche.

DER SÜNDENFALL DES INTELLEKTS

Unter den vielen Anregungen, Hinweisen, Fragestellungen und Einsichten, die die Geschichte als ein unerschöpfliches Füllhorn vor uns ausschüttet, bin ich über eine ungewöhnliche Bestimmung der Alt-Nürnberger Ratsverfassung lange nicht hinweggekommen. Nach ihr durfte in dem hochangesehenen und exklusiven Rat der freien Reichsstadt niemand sitzen, den der Grad eines studierten Doktors auszeichnete oder – man müßte hier sagen – verschimpfte.

Dieser beschämende Ausschluß, dieser Maulkorb für den studierten und graduierten Mann wurde noch durch die weitere Übung bekräftigt und unterstrichen, daß zu sachverständigen Rechtsberatern nur Auswärtige zugelassen wurden. Der Nürnberger Rat, der klug genug war, einen gelehrten Mann um Rat zu befragen, war selten dumm genug, den Rat auch gleich zu befolgen. Man konnte nach Gutdünken diesen Gutachtern jederzeit den Stuhl vor die Tür setzen und ihr gelehrtes Akadabra als für den Nürnberger Rat nicht verbindlich beiseiteschieben.

In diesem Sinne war es auch unerwünscht, daß Söhne ratsfähiger Nürnberger Geschlechter auf ausländischen Universitäten studierten, die vielleicht anregende Anschauungen vermittelten, deren Lehren aber für die spezifisch reichsstädtische und patrizische Moral unannehmbar waren.

Der Vater Willibald Pirkheimers, Johann Pirkheimer, der aus einer der reichsten und angesehensten Familien der Stadt stammte, aber vermaledeiter zweimaliger Doktor ausländischer Rechte war, konnte sich auf die Dauer nicht in seiner Vaterstadt halten und verließ sie schließlich verbittert über diese ihm borniert erscheinende Geistesenge. Doch ließ er seinen hochbegabten Sohn seine juristischen Studien rechtzeitig abbrechen, um ihm nicht das Amt und die Würde eines Ratsherrn in der damals angesehensten Stadt Deutschlands zu verbauen.

Der Humanist Willibald Pirkheimer beklagte seinerzeit in einem Brief diesen Mißstand mit den Worten, „es gereiche einem rittersmäßigen Mann in Deutschland zu nicht geringer Schande, gelehrt zu sein".

Als der mit dem Bannfluch belegte Luther von seinem Asyl auf der Wartburg als Junker Jörg verkleidet gelegentlich zum Büchertausch nach Eisenach hinunterritt, warf der begleitende Reitknecht ihm strafend vor, „er solle doch sein unadeliges Gehabe mit den Büchern unterlassen. Die Schreiberei und die Reiterei reimten sich übel zusammen".

Noch in einem wilhelminischen Offizierskorps wurde ein neuhinzukommender Leutnant von den übrigen mißfällig und freilich ebenso einfältig mit den Worten abgetan:

„Jefährlicher Mensch. Liest Bücher".

Dies alles geschah in einem Land, in dem heute der Professor und Gelehrte das höchste gesellschaftliche Ansehen genießt und mit seinem Anzug in Grau und Schwarz, die als die leblosen Farben der Theorie und der Abstraktion gelten können, den modischen Stil unserer offiziellen Herrenkleidung bestimmt!

Lag in diesem tiefen Mißtrauen der Nürnberger gegen die ,,Eierköpfe", wie die hochgraduierten Fachleute und Intellektuellen in John F. Kennedy's Kabinett später genannt wurden, ein unberechtigtes Vorurteil oder eine bessere Einsicht? Leidet an dem Eifer, mit dem die gelehrten Spezialisten eine Richtung verfolgen, das Ganze Schaden? Wiegt Instinkt schwerer als Intelligenz? Das müßte in einer Zeit der überdimensionalen und einseitigen Steigerung der Gelehrsamkeit mit den Wissenschaften uns eigentlich angehen. Es könnte Glück und Unglück für unsere Zukunft darin beschlossen sein.

Ich habe einmal über den zweiten Sündenfall des Menschen nach Erfindung des Kraftfahrzeugs gesprochen. Mit Schmunzeln wurde mir dabei nahegelegt, doch einmal über den ersten Sündenfall mich auszulassen. Obwohl ich die hinterlistigen Erwartungen enttäuschen werde, erfülle ich den Wunsch.

Der erste Sündenfall geschah nach der Bibel, als Eva der Schlange folgte und wider das göttliche Verbot den Apfel vom Baum der Erkenntnis gebrochen hat. ,,Und das Weib" steht in der Genesis, ,,schaute zu, daß von dem Baum gut zu essen wäre und daß er lieblich anzusehen und ein lustiger Baum wäre, weil er klug machte". Heute müßte man ,,klug" übersetzen in ,,intellektuell".

Die Schlange aber flüsterte Eva ein: ,,Ihr werdet mitnichten des Todes sterben, Gott weiß, daß, welchen Tages Ihr davon esset, Eure Augen aufgetan werden. Ihr werdet sein wie Gott".

Die Schlange legt also als Widersacher Gottes dem Menschen nahe, daß er allwissend werden könne und damit im Endeffekt Gott nicht mehr brauche. Der

Sündenfall ist keine reizende und pikante Verführungsgeschichte, sondern die von der Schlange eingeleitete Emanzipation des allein auf sich selbst gestellten subjektiven Menschenverstandes. Der Sündenfall ist der Bruch eines Tabus, nämlich des Tabus, nicht den Apfel vom Baum der Erkenntnis zu verzehren. Er ist damit gleichzeitig die Geburtsstunde des Intellektuellen. In seiner Vollendung zeichnet sich der Intellektuelle durch seine Wurzellosigkeit und durch den Abbau aller Bindungen zu Religion, Staat, Familie, Heimat und Sitte aus. Er handhabt seinen Intellekt auf der von ihm erlernten Stufe seines Wissens ohne innere Bindung und Verantwortung für das Ganze und endet damit meist auf dem öden Feld des Nihilismus und der Zerstörung jeder Lebensfreude.

Obwohl diese Subjektivität des Denkens ohne Tabus eine spezifische Erfindung der Renaissance und des damals aufkommenden Rationalismus ist, will ich damit nicht behaupten, daß die ehrenhaften und biederen Ratsherren von Nürnberg oder etwa alle Vorrenaissancemenschen im Zustand paradiesischer Unschuld gelebt hätten, weil sie der schlangenhaften Klugheit sich nicht ausschließlich anvertrauen wollten. Die mit den Nürnbergern in Fehde liegenden Zeitgenossen würden das heftig bestritten haben. Doch bei ihnen war jeder Gedanke und jede darauffolgende Handlung noch mit einem sittlichen Wert- und Gottbegriff verbunden. Nicht das allwissend sich gebende Sachverständigengutachten, diese gescheiteste Manier sicheren Irregehens, und nicht die blendend entwickelte Logik, dieser mit der Amtskette männlicher Würde sich großtuende Bruder menschlicher Illusionen, stand bei ihren wichtigen Entscheidungen Pate, sondern der angeborene, gesunde und unverbildete Menschenverstand. Den Ausschlag gaben Ehre und Nutzen der Stadt. Dieses gemeinsame und oberste Tabu des Stadtinteresses war aber gleichzeitig mit der Ethik des Christentums so lebendig verbunden, wie die Bürgerhäuser mit den zahlreichen benachbarten Gotteshäusern. Und wenn die Moral schon nicht ganz aufging, so gab es in den Kaufmannsbüchern immer noch die sogenannten „Konten Gottes", in denen hochherzige Stiftungen zur Ausschmückung der Gotteshäuser fein säuberlich vorgetragen wurden, um die dafür verauslagten Summen für die Aufrechnung beim Jüngsten Gericht festzuhalten.

In unserer Zeit schwillt der Sündenfall des Intellekts kataraktartig an. Der Mensch trifft immer mehr und immer wichtigere Entscheidungen, die von jedem höheren Bezug und jeder Moral enthoben sind.

Unsere Wirtschaft, Wissenschaft und das gesamte öffentliche Leben werden mehr und mehr unter die Diktatur des kalten Intellekts gestellt. Wer es „zu etwas bringen will", der muß intelligent sein und hohe Fertigkeiten besitzen und im Osten noch zusätzlich sattelfest in der Parteidoktrin sein. Nach Glauben, inneren Bindungen und Herkommen, nach allen diesen bewahrenden auf einen ursprünglichen Kern hinweisenden Gewalten fragt kein Mensch, wenn der Bewerber nur fortschrittlich genug ist. Von der Volksschule bis zur Universität wird der junge Mensch in diesem Sinne gedrillt, bis er die Spielregeln dieser Fähigkeit anzuwenden versteht. Immer lauter ertönt der Ruf nach Steigerung der Intelligenz und nach weiterer Auslese. Aufnahmeprüfungen, Vorprüfungen, Zwischenprüfungen, Abschlußprüfungen sorgen wie ein Schüttelsieb in den Kokereien dafür, daß zum Schluß nur noch die großkalibrigen Intelligenzbrocken übrigbleiben. In der Bundesrepublik werden zum Beispiel, was mich besonders irritiert, mit Ausnahme der nach englischem Verfahren handelnden Hansestädte, selbst die Richter allein nach ihren Prüfungsnoten bestellt. Ob sie auch die für den Richterberuf so ausschlaggebende charakterliche Befähigung und innere Festigung haben, wird in keinem Siebverfahren festgestellt.

Was bei dieser einseitigen Auslese, bei der nach dem Revolte-Jargon der Studenten der Nachwuchs ,,von Fachidioten zu Fachidioten ausgebildet" wird, herauskommt, ist leicht auszudenken: Am Ende stehen nicht Männer, sondern Obmänner. Es dominiert nicht die Persönlichkeit, sondern der Funktionär und Fachmann. Es beglückt uns gar nicht das offene Weltkind, sondern verdrießt uns der Spezialist des Unbehagens, wie man nicht zu Unrecht die Intellektuellen genannt hat. Die Futurologie verdrängt den unbenommenen Blick in die Zukunft, das Fachwissen die allgemeine Bildung und der Intelligenteste die sichere Menschenbeurteilung.

Aus dem gleichen Grunde versinkt in der Wirtschaft die Güte der Ware hinter Reklame und Absatzsteigerung und in der Natur der Gedanke der Erhaltung hinter der Ausbeutung und dem Raubbau. Wir fragen nicht danach, ob die Verbesserungen der Lebensbedingungen den Menschen glücklicher machen. Wir verwechseln Höchstleistungen technischer oder sportlicher Art mit menschlichen Höchstwerten. Früher wurden Auszeichnungen für hohe Gesinnung und mutige Taten verliehen. Heute werden höchstdotierte Preise für wissenschaftliche Höchstleistungen ausbezahlt.

Die abendländische Kultur hat im letzten Jahrhundert mit dieser Intelligenzzüchtung die Naturbeherrschung zu ungeahnter Höhe entwickelt. Alle Völker, die diesem Stil von Wissenschaftlichkeit nachstreben, stehen unter der drängenden Hetze der mit Stolz verkündeten Parole: „Forschung tut not". Wir wissen aber nicht mehr, zu welchem wertvollen Endzweck sie not tut. Wir tun vieles nur deshalb, weil wir es können, beschleunigen zum Beispiel unsere Flugzeuge, obwohl es den Spaß am Fliegen nur verdirbt. Wir erweitern unser Wissen und Können unablässig in der Meinung, daß diese Art von Betriebsamkeit uns besser mache und den echten Fortschritt bringe. Wir haben die Mahnung des Dichters Novalis in das Gegenteil verkehrt, daß der Mensch drei Schritte in der ethischen Haltung getan haben müsse, bevor er einen Schritt zur Beherrschung der Natur durch Organisation und Technik vorwärtsschreite. Wir geraten damit in eine Fülle unerwünschter, in ihrer Auswirkung noch kaum begriffener Nebenwirkungen.

Unsere Wirtschaftler und Techniker befassen sich mit der Ausnutzung der Atomkraft aber kaum oder nur sehr widerwillig damit, welche biologischen und gesundheitlichen Schäden die Menschheit vom anbrechenden Atomzeitalter zu erwarten hat. Die Erbforscher H. J. Muller und G. G. Wendt haben die Fortschritte der ärztlichen Kunst als Gefahr für die biologische Zukunft der Menschheit nachgewiesen. Aus Angst, Schmerzen zu erleiden oder zu hungern, vergiftet sich der Mensch heute lieber. Die angeborenen kindlichen Mißbildungen sind in ständigem Zunehmen. Der Contergan-Prozeß steht als Randerscheinung wie ein Menetekel vor unser aller Augen und zeigt die

Gefährlichkeit des vom Profit getriebenen Fortschritts. Früher waren einmal die Theologen an der gesellschaftlichen Macht beteiligt. Heute sind sie es kaum mehr. Die „Republik der Naturwissenschaftler", wie sie die Nobelpreisträger bei einer ihrer Tagungen in Lindau forderten, ist noch keine tragende Instanz. Sie müßte in ihrer Mitverantwortung für das gesamte Wohl der Staaten und der Menschheit ihre Aufgabe für die Zukunft sehen.

Schon die alten Märchen und Mythen sind voll von Beispielen, wie unheilvoll es für den Menschen werden kann, wenn er seine Möglichkeiten und Mittel plötzlich über das Maß erhöht, dem er innerlich gewachsen ist.

Es ist oft gesagt worden, daß die Saurier in der Vorzeit ausgestorben seien, weil die Entwicklung ihrer Gehirne mit der riesenhaften Entwicklung ihrer Körper nicht Schritt gehalten habe. Ein ähnliches Schicksal in adverso droht der species homo sapiens, weil hier die moralischen Qualitäten mit der geistig-wissenschaftlichen Entwicklung nicht mitgekommen sind.

Gegen die den Menschen durch die Wissenschaft in die Hand gegebenen Möglichkeiten gibt es keine automatische Sperre außer dem Atomtod oder der totalen Unfruchtbarkeit. Die Ethik, die wir aus den vergangenen Jahrhunderten übernommen haben, reicht zur Bewältigung des Neuen nicht mehr aus. Ein neues Gleichgewicht müßte, sehr kühn gesprochen, zwischen unseren Computern und unseren Altären gefunden werden, wenn es mit unserer Zukunft nicht schief gehen soll.

Die Tatsache, daß so viele intelligente aber charakterlose und sogar verbrecherische Individuen in den letzten Jahrzehnten nach oben gespült wurden, um dann als Schwindler oder Paranoiker entlarvt zu werden, gibt zu denken.

Die merkwürdige Anfälligkeit für Vertrauensbruch, die in der höchstgezüchteten Sparte der Intelligenz, im Lager der Atomphysik, durch zahlreiche Prozesse aufgedeckt wurde, kann nicht zufällig sein.

Es ist eine merkwürdige Sache um die Intelligenz. Wir verdanken ihr Unendliches. Man möchte sie um keinen Preis aus der Welt schaffen. Aber es geistert etwas Unheimliches um sie, ähnlich wie um die symbolische Schlange, die im Baum der Erkenntnis lauert. Schon immer beschäftigten sich die alten Mythen mit diesem am schwersten zu begreifenden aller Tiere. Die Dichter und Seher kommen nicht los von diesem sich häutenden Wesen ohne Beine und ohne Flügel, das mit der nackten Muskelkraft des langgestreckten Leibes fortgleitet und die Zunge wie eine Flamme zwischen den giftspritzenden Zähnen bewegt. Die Schlange ist wie die Intelligenz wohltätig heilend, doch gefährlich und todbringend zugleich.

Die Intelligenz der Menschen hat geradezu zauberhafte Möglichkeiten errungen. Man muß sie bewundern und anerkennen. – Und doch wird einem nicht wohl dabei. Der ungeheure Scharfsinn, der in den Leistungen der Naturwissenschaft und Technik sich bewährt, hat Großartiges an Entdeckungen, Erfindungen und zivilisatorischen Errungenschaften gebracht, die man alle nicht missen will – aber man ist dadurch nicht glücklicher und nicht besser geworden. Ihr Segen kann sich in Blitzesschnelle in einen Fluch verwandeln.

Es gibt eine kritische Grenze, an der hochintellektuelle Systeme plötzlich in ihr Gegenteil umschlagen. Um nur zwei Beispiele zu nennen. Unsere hochgetriebene Hygiene mit riesigem Wasserverbrauch und Anwendung wirksamster Reinigungsmittel hat unsere Flüsse und Bäche und schon teilweise das Meer in verschmutzte und verpestete Gewässer verwandelt. Der Kraftwagenverkehr jenseits seiner kritischen Grenze macht die Straßen unpassierbar und läßt den Fußgänger am Ende wieder triumphieren.

In der Antike war die intuitive Erkenntnis von der kritischen Grenze als Umkehrpunkt im griechischen Begriff der Hybris verkörpert, wie ihn Toynbee in seinem Buche „Study of History" unter den Titeln „Die Rache des Schöpferischen" und das „Vertauschen der Rollen" darlegt. Die griechischen Dramatiker stellten die Idee des Schöpferischen so dar, daß sie auch ihre eigene Blindheit bewirke. Wer das Rätsel der Sphinx löste, mußte mit dem Verlust des Augenlichts bezahlen. Es war, als ob die Griechen spürten, daß die Strafe für einen Durchbruch in einer einzigen Richtung darin bestand, daß die Erkenntnis des Gesamtfeldes damit abgeriegelt wurde. Auch die Chinesen fanden in ihren Weisheitssprüchen dafür Worte: „Wer auf den Zehenspitzen steht, hat keinen festen Stand. Wer die größten Sprünge macht, kommt nicht am schnellsten vorwärts".

Goethe empfand geradezu einen Haß gegen den von Nüchternheit beseelten Rechner Newton und gegen alle mechanischen, statistischen und analytischen Erklärungen, denen gleichsam das Herz ausgestochen ist. Der Kampf gegen das Gespenst des zergliedernden Verstandes ist zum Kernpunkt seiner Farbenlehre geworden. Für ihn ist auch die Mathematik nicht viel Besseres, als eine Feldmesserkunst. Hier steht noch der Dichter und Seher mit dem allumfassenden Weltauge, der sich durch die dem Auge unzugänglichen Verführungskünste nicht beschränken lassen will, und dort der geniale Stubengelehrte mit seinen Laboratorien und seiner Apparatur, mit der er sich in unsichtbare Tiefen bohrt.

Wie eine Vaterfigur aus der goldenen Zeit der Ganzheit, wie Goethe sie in den Griechen versinnbildlicht sah, ragt unser größter Dichter in unsere Zeit herüber. Er stand Homer noch näher als uns.

Bei den großartigen Denkergebnissen der antiken Geister fragt man sich unwillkürlich, warum erst in unserer Zeit die Naturwissenschaften durch Methodik und Spezialisierung so in die Breite gewachsen sind. Die Griechen hatten doch schon alles Zeug dazu. Sie haben die ganzen Begriffe der physischen Weltbetrachtung in genialer Schöpferkraft sprachlich vorgebildet. Ohne die Begriffe wie Geist und Materie, Idee, Atom, Äther, Energie usw. hätten überhaupt die Vorstellungen zum Weiterbauen gefehlt. Gerade das griechische Wort „physis", das unserem Begriff der Physik zugrundeliegt, ist eine der großen sprachlichen Weltvisionen der Griechen. Sie haben in dem Begriff „physis" einen ganz bestimmten Weltaspekt ausgelegt. Es heißt als Verbum soviel wie Wachsenlassen, Hervortreibenlassen. Physik ist also auf griechisch ein Naturgeschehen und zwar jenes große eigentümliche Walten und Wesen um uns und in uns, das überall Bewegung ist, wobei darin vielleicht alles auf den letzten Ursprung einer Bewegung zurückzuführen ist.

Wenn die Griechen also alle späteren Entdeckungen sprachlich in ihrer Seele schon vorbereitet haben – nach Hamann ist Sprache von Haus aus ja Dichtung – warum gingen sie nicht auf die von uns geübte methodische

Erforschung der geahnten Bereiche durch Experimentieren über?

Vielleicht war es die heilige Scheu vor der Natur, von der noch Plato spricht, die die Griechen davor zurückhielt, gleichsam in die Eingeweide der Natur einzugreifen. Vielleicht türmten die Griechen in ihrer geistigen Beweglichkeit und Freiheitlichkeit zu schnell ohne ausreichende Kenntnisse des Details und ohne Experimentieren ihre Begriffe aufeinander und räsonierten und fantasierten lieber, als sorgsam zu sammeln und zu scheiden. Es besteht ja bei der in das Kleine gehenden Tätigkeit des Forschens die Gefahr, daß man um den Genuß des Hohen gebracht und zur Wühlmaus erniedrigt wird. Der Grieche war zu sehr Künstler. Er wollte bauen und gestalten, aber nicht kritzeln und scharren. Der wahre Forscher muß Kärrnerdienste leisten an Arbeit und schuften an seinem Objekt wie ein Sklave.

So hat der Grieche die Ideen gefunden, aber nicht die Erfahrung mit den Dingen ausprobiert. An Maß und Schönheit lag ihm mehr, als an Zählen und Wiegen. Die Griechen waren als Denker grandseigneurs, die sich nicht domestikenhaft mit dem Kleinkram des Details abplagen wollten.

Hätten die Griechen einen einzigen Galilei, einen einzigen Newton oder einen einzigen Lavoisier besessen, so hätten ihrem Gedankenflug nicht nur ein gescheiterter Ikarus, sondern auch die Flugzeuge bald nachfolgen müssen. Die Neuzeit hätte schon 2000 Jahre früher beginnen können, denn die Griechen haben auf schmalster Erfahrungsbasis die größten Ideen der Menschheit entwickelt. Ein Demokrit hat mit einem Häufchen Sand in der Hand seinen Schülern die Wissenschaft der Atome gelehrt.

Mit einem gewissen Recht weist freilich die Wissenschaft heute darauf hin, daß ihre Erkenntnisse nicht im moralischen Sinn zu werten sind und daß sie selber für etwaige Mißbräuche, die man mit ihren Ergebnissen treibt, nicht verantwortlich sei. Wir wurden beim Tode Otto Hahns nochmals gewahr, welcher große Konflikt auch durch seine Brust gegangen ist. Er verteidigte sich zwar damit, daß es darauf ankäme, wie und wozu man die Intelligenz verwendet. Die Heilsbotschaft der Wissenschaft wolle nichts als die Wahrheit. Aber aus Aposteln seien die Wissenschaftler nolens volens zu Bütteln der Macht geworden.

Die Dinge liegen eben nicht so einfach. Der Verstand ist kein mechanisches Werkzeug, wie zum Beispiel ein Hammer, mit dem man vernünftige Arbeit leisten oder auch einen Menschen niederschlagen kann. Er ist eine Art Zauberwerkzeug, das die Eigenschaft besitzt, sich qualitativ mit einer ganz bestimmt gearteten positiven oder negativen Spannung aufzuladen, je nachdem in welcher Art und in welchem Sinn man ihn handhabt. Er ist geistiger Natur und kann alle Schattierungen vom Hellsten bis zum Dunkelsten annehmen mit all den entsprechenden Kräftewirksamkeiten, die dem Geistigen eigen sind. Ein Gedanke ist stets mit einer gewissen moralischen Spannung geladen. Gedanken können eine ganze Kettenreaktion von Stimmungen, Sympathie- oder Antipathiegefühlen, leise keimenden Entschlüssen, Wünschen, Gewissensregungen, Trieben und so weiter auslösen. Es gibt in Wahrheit keine „neutralen" Gedanken. Sie haben samt und sonders moralische Wirkungen, man achtet meist nur nicht darauf. Was ich heute denke, bestimmt auf sehr verschlungenen Wegen meine Tat von morgen. Auch die moralisch scheinbar indifferenten Gedanken der Wissenschaft ziehen feine Wirksamkeiten auf anderen Gebieten nach sich. Dabei kommt es nicht so sehr auf den einzelnen Gedanken an, als vielmehr auf die ganze Wesensart des Denkens, seinen ideellen Gehalt und Grundcharakter, seinen geistigen Wert und Richtungssinn.

Die materialistische Ideenhaltung, ganz gleich ob als Gesellschaftsideologie oder in der Naturwissenschaft, bewirkt notwendigerweise auf die Dauer eine Schwächung der sittlichen Persönlichkeit, denn sie hat in ihrem Gefolge einen ganzen Schwarm von lähmenden, abbauenden und destruktiven Kräften, die sich in Gefühl, Willen und Gewissen einnisten. Gedanken können beglücken, erschrecken, lähmen, ernüchtern, begeistern, vernichten, locken, befeuern, trösten und vieles andere mehr – eines aber können sie nicht: ohne Wirkung bleiben.

Unsere Zeit krankt an einer Wertskala für unsere Gedanken und für unser ganzes Leben. Wie keiner vorangegangenen Epoche fehlt es ihr auch an der Leitfigur, an der sich der Wille und die Sehnsucht ganzer Generationen aufrichten könnte. Die alten Juden kannten den Propheten, die Griechen den Kaloskagathos, in dem sich das Schöne mit dem Sittlichen verband. Die frühen Christen verehrten den Heiligen, das Mittelalter den Mönch und den Ritter, die Renaissance den uomo universale, das Barock den honnète homme. Der „Unbekannte Soldat", der in der Ausgangsphase unserer Nationalpolitik höchste öffentliche Ehren genießt, ist leider nur ein toter Held und vielleicht nicht einmal ein Held. Albert Schweitzer und die jungen Entwicklungshelfer aber werden durch den lauten Götzenkult und Starrummel für unsere Schlagersänger, Fußballspieler und Filmhelden in den Hintergrund gerückt.

Eine Wohlstandsideologie ist so wenig ein Ersatz für eine ethische Grundhaltung wie eine materialistische Gesellschaftsdoktrin. Die auf dem abendländischen Naturrecht beruhende Weisheit, daß jede Sozialordnung unter einem religiösen Anspruch stehen müsse und Gott der Herr aller Ordnungen bleibt, wurde vernachlässigt und vergessen. In der rein pragmatischen Auffassung der sozialpolitischen Notwendigkeiten und im Denken im wissenschaftlichen und mathematischen Sinn ist die Verantwortung gegenüber dem Ganzen zu kurz gekommen.

Gewiß fehlt es nicht an interessanten, wenn auch unzulänglichen Versuchen, Wissenschaften und Religionen wieder zusammenzubringen und dem Menschen ein Ziel und einen Halt im Kosmos zu geben. Um dem Menschen aus der Sackgasse herauszuhelfen, ruft zum Beispiel ähnlich wie einstmals Rousseau zum „Zurück zur Natur" heute Teilhard de Chardin zum „Vorwärts zur Mystik".

Die exakten Wissenschaften selbst haben genug Wegzeichen aufgerichtet. Carl Friedrich Gauß bekannte, es gäbe in dieser Welt einen Genuß des Verstandes, der in der Wissenschaft sich befriedige, und einen Genuß des Herzens, der hauptsächlich darin bestünde, daß die Menschen einander die Mühsale und Beschwerden des Lebens sich gegenseitig erleichtern. Man werde ohne die Möglichkeit einer streng wissenschaftlichen Begründung zu der Ansicht gedrängt, daß neben dieser materiellen Welt noch eine andere rein geistige existiere mit ebensoviel Mannigfaltigkeiten, wie die, in der wir leben. – Ihr sollten wir teilhaftig werden.

Die Tatsache, daß es in unserem Zeitalter auf vielen Gebieten so trostlos aussieht und der Frieden auf tönernen Füßen steht, zeigt trotz des unermeßlichen Abstiegs der Intelligenz das völlig Unzureichende des auf sich bezogenen Menschenverstandes, zu dem die mythische Schlange im Baum der Erkenntnis verführte. Der subjektive Intellekt wurzelt nicht in der vollen Realität unseres Daseins. Seine mangelnde Objektivität führt überall zu Kurzschlüssen. Es fehlt ihm die re-ligio, wörtlich die Rück-Verbindung zum Ganzen oder – ganz einfach gesagt – der Glaube an Gott, dessen geheiligten Namen im Zeitalter der exakten Wissenschaft auszusprechen und einzubeziehen, nicht nur einem Carl Friedrich Gauß aus der Abscheu vor pharisäischem Mißbrauch und aus der Unfähigkeit der Rückkehr zu antiquierten und naturalistischen Naivvorstellungen schwerfällt.

Denn was anderes sucht unsere Jugend, als einen strahlenden Stern, um ihren Wagen daran zu hängen. Sie ist doch gesünder, größer und freier als je. Nur aus dem Mangel an ethischen Wertmaßstäben und hinreißenden Vorbildern erschöpft sich ihr revolutionärer Utopismus darin, unter der geistigen Führung eines Marcuse das Bestehende, das sogenannte Establishment, gleich ob westlicher oder östlicher, ob kirchlicher oder ideologischer Prägung, als eine Hölle zu empfinden und ihm den Kampf anzusagen. Ihre Fanatiker wollen den Umsturz, ohne etwas Besseres bieten zu können. Sie ballen die Fäuste, aber ihre Köpfe sind leer. Sie werfen mit Pflastersteinen auf diese Hölle, aber zu ihrem Ärger finden die in der Hölle Etablierten ihren Aufenthaltsort recht passabel und wünschen nicht, ihn aufzugeben. Die bloße Lust am Untergang, wie ihn die

Kulturheilkundigen des Intellekts predigen, liefert noch nicht einen Baustein für einen soliden Bau.

So ergibt sich die Jugend bindungslos ihrer Subjektivität und sie erfährt dabei, wie es nicht anders sein kann, die tödlichste Langeweile. Sie strengt sich zwar an, der Langeweile zu entgehen. Sie gibt sich ein schockierendes Exterieur, sucht aufzufallen bis zur Verletzung des Anstandes und der gesellschaftlichen Konventionen selbst um den Preis der Beleidigung des guten Geschmacks, dröhnt sich die Ohren voll Lärm und greift zur Droge, um in der Steigerung ihres Selbstes ihr Genügen zu finden. Vor allem kultiviert sie aber das letzte menschheitsverbindende Element, die Sexualität. Doch wenn die letzte Intimität von Illustriertenlesern verschleckt und die letzte Hautpore in Großaufnahme zur Schau gestellt sein wird, wird dieses Thema endgültig „durch" sein und nur Schalheit hinterlassen.

Wir müssen aber diese Welt unabsehbarer Veränderungen, die Rabiate mit ihrem Halbwissen und ihrem Sektierertum umstürzen wollen, in Ordnung durchstehen, mag unsere Gesellschaftsordnung auch nicht die beste sein, die schlechteste ist sie auf keinen Fall.

Mögen die Vorbehalte des Alt-Nürnberger Rates gegen den eindimensionalen Fachgelehrten einmal berechtigt gewesen sein, wir können heute die Intellektuellen und Fachleute in unserer Industrie- und Massengesellschaft nicht mehr entbehren, falls nicht unsere komplizierte Daseinsfürsorge in ein Chaos verfallen soll. Wir müssen vielmehr umgekehrt die Sündenfäller des Intellekts zur Verantwortung für das Ganze wiedergewinnen. Um so wichtiger sind daher in diesen wirren Zeiten all die Kräfte, die die sittlichen Forderungen zu oberst auf ihr Panier geschrieben haben.

DIE BURG LISBERG IM STEIGERWALD 1977

Der Steigerwald, das Lächeln der gemäßigten Natur

Unter den vielerlei Bergzügen Frankens hält sich der Steigerwald in unauffälliger Lieblichkeit zurück. Er verblüfft nicht mit Felsenschroffen und Tälerengen wie der Fränkische Jura, lastet nicht auf der Seele wie die starre Herbheit des Fichtelgebirges, macht nicht von sich reden durch Sauhatz, Furniereichen und Räuberromanzen wie der Spessart und hat nichts zu tun mit der elementaren Entrücktheit der kahlen Rhönkuppen.

Vereint mit den weit sich hinziehenden Girlanden der Haßberge im Norden und der Frankenhöhe im Süden hilft der Steigerwald im Herzen Frankens dazu, daß das Hügelspiel in dem vielfältigen Land nie stillstehe und nirgends die Waldhorizonte fehlen, die sich als blauendes Band zwischen die fruchtbaren mainfränkischen Gäuböden und die weiten Sandebenen im Einzugsgebiet der Regnitz schieben. An seinen Rändern verschenkt der Steigerwald auf diese Weise die schönsten Aussichtsplätze für weit in das Land schauende Burgen und Kapellen. Eine Burg darf sich rühmen, an klaren Tagen nicht weniger als 60 Dörfer und Ortschaften zu übersehen.

Von der Würzburger Seite her baut sich der Steigerwald als steile Stufe auf. Gegen Bamberg zu flachen sich die Keuperhügel vielgliedrig ab mit Waldkuppen, Feldlehnen und wiesenreichen Tälerwannen, in denen kleine Flüsse sich sammeln und gemächlich der Regnitz zufließen. Entlang der Wasserläufe und um die Fischteiche fügen sich fachwerkgezierte Dörfer, torbewehrte Städtchen und als Glanzpunkt das reiche Kloster Ebrach in das sorgsam und mühsam bestellte Wald- und Bauernland ein, das geprägt ist vom Lächeln der gemäßigten Natur.

Nur noch zwei Fußstunden von der Domstadt Bamberg entfernt an den letzten Ausläufern des Steigerwaldes baut sich auf einer von drei Seiten steil aufsteigenden Bergzunge die mächtige Burg Lisberg auf. Selbst die Franken kennen sie kaum. Sie liegt heute verkehrsmäßig abgelegen. Noch mehr hat zu ihrer Vergessenheit aber beigetragen, daß sie ohne eine dort wohnende Besitzerfamilie die letzten hundert Jahre ein Hundedasein hinter sich gebracht hat. Nur das Notdürftigste wurde ihr zugewendet und nicht einmal das. Ein Jahrhundert ohne Liebe und Pflege geht nicht ohne schwere Folgen an einer Burg vorüber.

Das Jahr 1968 muß daher als einer der glücklichen Wendepunkte in ihrer über tausendjährigen Chronik eingetragen werden, denn nunmehr zog ein Altertumskenner und -sammler in die schon vom Ruin bedrohte Burg ein. Der neue Burgherr hat die Burg nicht nur als verständnisvoller und einsatzfreudiger Liebhaber in sein Herz geschlossen, er hat es auch verstanden, daß der aufwachende staatliche Denkmalschutz das vernachlässigte Stiefkind in seine finanzstarken Arme genommen hat.

Die Burg Lisberg schaut in wahrem Imponiergehabe mit der breiten und hohen Hauptfront ihrer Wohntrakte in das Aurachtal hinunter. Mit Recht gibt sie sich nach dieser Talseite so herrscherlich, denn ihre Hauptaufgabe bestand in früheren Zeiten darin, die durch das Aurachtal führende Straße von Schweinfurt nach Bamberg zu überwachen und zu schützen. Da wagten es wohl nicht einmal bewaffnete Scharen ungefragt beim Anblick dieses herrschenden Kolosses vorbeizuziehen oder die Wachsamkeit des Bergfriedes geringzuachten.

Heute macht die talseitige Nordfront mit dem ihr von den Denkmalschützern verordneten renaissanceroten Putz zusammen mit dem neueingedeckten hohen Ziegeldach fast ein wenig betroffen. Sie bedrückt als eine zu einheitliche Farbwand den Beschauer.

Wind und Wetter werden aber bald ihr milderndes Patina über die dunkelrote Denkmalschöne legen. Auf der Sonnenseite dagegen leuchtet die wiedererstandene Innenburg mit der hellen Absetzung ihrer gotisch gezackten und renaissancegeschwungenen Steilgiebel und Fensterumrahmungen über die altersgrauen Mauerbrüstungen als ein herrliches Prunkstück vergangener Stilzeiten in die Gegend. Mit Ausnahme der Talseite wird der Rundblick von der Burg von obstbaumreichen Felderkulturen und Wäldern beschnitten. Doch sollen über diese hinweg von dem hohen Wachturm früher Leuchtzeichen mit der Altenburg bei Bamberg und der weitentfernten Burg Wichsenstein auf dem Jura gewechselt worden sein.

Das Dorf Lisberg schmiegt sich im Halbbogen um den Fuß des Schloßberges bis zur Höhe hinauf. Wo die Häuschen früher Schutz in Anlehnung an die Burg suchten, scheinen die modernisierten Einfamilienvillen aus ihren Vorgärtchen und großen Fenstern heute Gefallen an dem trutzigen Gegenüber zu finden. Wer nicht ein Burgfan ist, würde wohl komfortabler und angenehmer hier als in dem alten Gemäuer hausen.

Das aber, was Lisberg außer seiner schönen Lage auszeichnet und wert für eine nicht nur lokale Betrachtung macht, ist der äußerst seltene Glücksfall, daß dieser Rittersitz nicht nur von den fast alle Orte Frankens heimsuchenden Vernichtungswellen, sondern auch von der Stilverschandelung des letzten Jahrhunderts verschont geblieben ist. Die Mühen der heutigen Wiederherstellung lohnen sich daher wie kaum anderswo und lassen eine der stilvollsten und ältesten Burgen Frankens wiedererstehen als eine Kostbarkeit für Burgenkenner und ein Geschenk für alle Freunde unserer geschichtlichen Vergangenheit.

Das fränkische Besitz- und Rechtsdurcheinander

Der Bamberger Historiker Josef Heller hat 1837 die Chronik von Lisberg auf 115 engbedruckten Seiten gewissenhaft und unübertroffen ein für alle Mal niedergelegt. Die ihm damals noch zur Verfügung stehenden Unterlagen in dem von Heller selbst als besonders wertvoll bezeichneten Archiv in Lisberg sind seitdem verschollen. Vielleicht wurden sie erst vor dem Einmarsch der Amerikaner irgendwohin verlagert, vielleicht wurden sie auch vernichtet. Niemand weiß es. Man kann den Wunsch des heutigen Besitzers nur teilen, daß sie eines Tages doch wieder zum Vorschein kommen.

Alles, was seit Heller über Lisberg geschrieben worden ist, fußt auf dieser Chronik. Es wurde im Abschreib- und Umrührverfahren gekürzt oder mit Phantasie ausgemalt wiedergegeben. Wenn die Heller'sche Chronik auch längst vergriffen ist und der

Autor in seinem Vorwort sich klagend dagegen verwahrt, daß sein mühevolles Werk ohne Erwähnung seiner langjährigen Arbeiten nachgedruckt werde, entsteht die berechtigte Frage, ob die verwirrenden Besitzverhältnisse für ein Auditorium außerhalb von Lokalhistorikern und speziellen Familiengenealogen überhaupt wiederholenswert und von Interesse sein kann.

Wer will denn all die Details wissen von den vielerlei Lehensherren und Mitlehensherren wie den Babenbergern, den Schlüsselbergern, dem Hochstift Würzburg und dem Hochstift Bamberg sowie den Markgrafen von Ansbach, Kulmbach und Bayreuth und den noch zahlreicheren, meist ausgestorbenen Besitzer- und Mitbesitzerfamilien wie den Herren von Lisberg, Thünfeld, Herbilstadt, Schaumberg, Miltz, Giech, Lauffenholz, Aschhausen, Münster und Castell endend und hoffentlich recht lang sich fortsetzend bei dem Gladiator in der Arena des Denkmalschutzes, unserem verehrten Lisbergfreund und Besitzer, Herrn Fischer.

Die Übergänge fränkischer Burgen, sei es durch Kauf, Tausch, Mitgift, Erbteilungen, Prozesse, Gewalt, Pfändungen, Lehensentzug etc. betrafen zudem nicht immer die gleichen Herren und die gleichen Untertanen. Es ging auch um die mannigfaltigsten Rechtsobjekte. Das Feld, um sich zu streiten, war weitgestellt, ob man sich um Halsgerichtsbarkeit oder nur Polizei- und Vogteigewalt, ob um Steuereinzug, Wildbann, Kirchenhoheit, Patronatsrechte, um Kirchweihschutz, Obstbaumanlagen, Hutungen, Mitbenutzung von Toren, Brunnen, Treppen, Räumen oder was alles noch den Fehdebrief zuschickte und das Leben erschwerte. Die Geschichte Lisbergs gibt ein sprechendes Exempel ab für den Brodeltopf von Streitigkeiten, wie sie die Chroniken der zu Streithähnen geborenen fränkischen Burgbesitzer nicht immer rühmlich füllen.

Ich glaube daher, meinen Lesern und nicht weniger mir einen Gefallen anzutun, wenn ich, die Chronik Hellers in allen Ehren, mich von dem historischen Fitzelkram wegwende und mich nur mit den charakteristischen Besonderheiten befasse, die Lisberg haben überleben lassen und ihm sein besonderes Gesicht gegeben haben.

Genius loci Lisbergs

Bei der Burg Lisberg sticht das ehrwürdige Alter hervor, mit dem sich wenige Orte in Franken messen können. Schon 820 wird Lisberg in dem Corpus Traditionum Fuldentium mit folgendem Eintrag erwähnt:

„Ego Hiltuvin trado sancto Bonifazio bona mea in loco Elizberg in Pago Volkfelden cum familia et omni substantia."

Vermutlich gehörte dieser Hiltuvin mit dem germanisch anmutenden Namen zu der landnehmenden fränkischen Erobererschicht, die schon zur Merowingerzeit dem Vordringen der Thüringer und Slawen gewehrt und sich auf festen Plätzen niedergelassen haben. Lisberg muß seiner ganzen Lage nach ein solcher strategisch wichtiger Stützpunkt gewesen sein.

Die Schenkung Lisbergs, bei der von einem castrum nicht die Rede ist, konnte sich auf gar nichts anderes als nur auf Gut und Inventar beschränken. Der zuständige Gaugraf von Volkfeld, als deren erste die Babenberger vorkommen, hätte diesen strategisch wichtigen Zentralpunkt nie aus der Hand gegeben. Bei der straffen Führung des karolingischen Reiches, bei der die Lehensvergabe noch streng nach Auslese gehandhabt wurde, wird der Gaugraf einen neuen, ihm genehmen Lehensträger und Burgvogt in Lisberg eingesetzt haben, während die acker- und obstbaukundigen Benediktiner die fruchtbaren Böden um Lisberg in segensreiche Bewirtschaftung genommen haben.

Vermutlich verstärkten diese fleißigen und meistens wehr- und waffenkundigen Mönche schon damals die von der Bergseite her am meisten gefährdete Stelle der Burg durch einen großen Vorhof mit Wohngebäuden, Ställen und Vorratsscheunen und schlossen das Geviert unter Flankierung mit Ecktürmen durch ein zweites Zugbrückentor und einen zweiten Halsgraben ab.

Lisberg ist auch heute besitzmäßig wieder in Vorhof und eigentliche Burg geteilt. Doch passen die Erfordernisse rationeller moderner Landwirtschaft schlecht in die nächste Umgebung einer alten Burg. In liebloser Weise wurde ein backsteinroter Fabrikschlot nah an das innere Eingangstor und die frühere Zugbrücke gesetzt und ein flachdachiges Brennereigebäude mit Glasziegelfronten in und um den alten Halsgraben gezwängt. Zwei Hemisphären, verträumte Ritterburg und Landwirtschaftsfabrik, stoßen aufeinander und schlagen sich in das Gesicht. Was früher zu einer wunderbaren Einheit von Vorhof und Innenburg zusammengewachsen war, wird zumal bei der Eigentumstrennung heute schwer mehr zueinanderfinden; beide haben wohl nichts als gegenseitigen Ärger miteinander gemein.

Im 9. Jahrhundert bildeten weltliche und geistliche Aufgaben noch eine unzertrennbare Einheit. Staat und Kirche waren auf Gedeih und Verderb aufeinander angewiesen. Die missionierenden Klosterbrüder brauchten Schutz und wollten den Frieden. Die fränkischen Krieger hätten aber in den eroberten Gebieten nicht Fuß fassen können, wenn nicht die Klöster für die Versorgung gearbeitet und ihre Verwaltungserfahrung und Schreibkünste den weltlichen Machthabern zur Verfügung gestellt hätten.

Lisberg muß also schon zu Karolingerzeiten, noch bevor die Sachsenkaiser um 1100 zum allgemeinen Burgenbau gegen die Einfälle der Ungarn aufgerufen hatten, eine Dreifachfunktion als uneinnehmbare Veste, als autarke Versorgungs- und Verwaltungsbasis und als geistlich kultureller Ausstrahlungspunkt im besten Sinne ausgefüllt haben. An den späteren großzügigen Bauten spürt man, wie dieser stolze Geist der ersten Begründung nachgewirkt hat. Es waren keine kleinen Dorfpatriarchen, sondern große Herren, die in Lisberg geschaltet und gewaltet und Verantwortung für große Reichsaufgaben getragen haben.

Dieser genius loci Lisbergs des Repräsentativen und Stolzen spiegelt sich in allen Bauten, besonders aber in dem wuchtigen Bergfried wieder, der wohl im 12. Jahrhundert nah am Eingangstor als respektgebietender Koloß hingesetzt wurde. Dieser in seltener Weise nicht aus Quadersteinen, sondern aus Bruchsteinen aufgetürmte Riese barg im unteren Teil das Verlies. Im oberen, früher nur in 8 Meter Höhe zugänglichen Teil, diente er zur Wache und im Notfall zur letzten Zuflucht. Man „türmte", wie man heute noch sagt, wenn es brenzlig wurde.

Selbst wenn der Bergfried, wie Heller in seiner Chronik meint, in der Barockzeit zu einem Drittel abgetragen und mit einem Dach im damaligen Stile abgedeckt wurde, würde er noch die meisten Nachbarn an Höhe und Stärke überragen. Wahrscheinlich wurde aber nur ein brüchig gewordener früherer Holzumgang abgebrochen, von dem aus die Bogenschützen den Feind beschießen und die Wachmannschaften sich verständigen konnten.

Welche Meister an dem Bergfried gebaut haben, zeigt der Grundriß. Der Mittelpunkt des kreisrunden Rauminneren des ebenfalls runden Turmes, verschiebt sich gegen den inneren Burghof, um den Außenmauern noch größere Stärke zu verleihen. An den Bergfried schließt sich das früher um ein Stockwerk höhere Frauenhaus an, das wie nur in großen und bedeutenden Burgen einen besonderen großen Aufenthalts- und Speiseraum, die sogenannte „Dürnitz", besaß. In diesem heizbaren Saal konnte das Gefolge und die Mannschaft allerlei Tätigkeit, Geselligkeit und Lustbarkeit entwickeln. Dieser Raum spricht für sich. Ich könnte keinen ähnlichen in Franken nennnen. In seinen wunderschönen Maßen und Winkeln kommt er am meisten dem Kaisersaal auf der Kaiserburg in Nürnberg gleich.

Ein gleicher Geist der Großzügigkeit und des Schönheitssinnes geht aber auch von den drei aneinanderschließenden Wohnbauteilen aus, die im unteren Stock auf romanischen Tonnengewölben stehend sich hoch aufbauen und aufteilen in einen gotischen Westtrakt mit Resten feinen Stabwerks, in einen Mittelbau mit Renaissancetreppenturm und einen Osttrakt gebaut um das Jahr 1600 mit später eingebautem Rittersaal. Eine noch erhaltene holzsäulengeschmückte altdeutsche Küche mit riesigem deutschen Kamin nimmt vollends dem Liebhaber unverdorbener und wiederhergestellter Altertümer den Atem weg, den er nach Durchschreiten der großzügigen Gänge und Wohnräume in ihrem größtenteils noch unbewohnbaren, aber umso unverdorbenerem Zustand erst geschöpft hatte.

Kein Wunder, daß Lisberg von seinen vielen mitberechtigten Besitzern geliebt, aufopferungsvoll immer wieder neu verschönt und heftig umstritten wurde.

Lisberg behauptet sich zwischen zwei Fürstenstühlen

Mit der Aufhebung der Gauverfassung gegen Ende des 11. Jahrhunderts und der Einführung der Erblichkeit der Lehen verschieben sich die Kräfte im Land. Nach der Verdrängung der Babenberger als Gaugrafen durch die Konradiner mögen die Schlüsselberger als nächste Lehensherren in den Besitz der Burg Lisberg gekommen sein. Als Vasallen der güterreichen und mächtigen Schlüsselberger erscheinen die Herren von Thünfeld. Diese legten sich im Zug der damaligen Zeit unter Beibehaltung ihres Familienwappens den Namen der Burg bei.

Ein Gundelast von Lisberg wird 1200 bis 1204 als Domherr von Bamberg genannt. Eine Clare von Lisberg tritt 1240 als Äbtissin des Nonnenklosters von St. Theodor zu Bamberg hervor. Ein Hermann von Lisberg wird Domherr zu Würzburg, ein Konrad Amtsvogt zu Höchstadt und ein Heinrich von Lisberg als Schultheiß von Bamberg erwähnt.

Die Familie der Lisberger blühte und verband sich mit vielen edlen Geschlechtern. Immer höher stieg ihr Einfluß und Ansehen. Die Lisberger mögen damals manche großen Hochzeiten ausgerichtet und manchen illustren Empfang in ihren stattlichen Sälen und Gängen abgehalten haben. Bei solchen festlichen Anlässen mögen die internen Streitigkeiten schnell der Freude an der gemeinsamen Repräsentation gewichen sein.

Doch haben die Lisberger es versäumt, in der wohl immer von mehreren Familien und deren Anverwandten bewohnten großen Burg für eine innere Verfassung und Nachfolge im gleichen Mannesstamm vorzusorgen, wie es bei anderen fränkischen Gütern durch Burgfriedenverträge und die Einführung der sogenannten Ganerbschaft, d. h. gemeinsamen Anerbschaft des männlichen Stammes geschah.

Nur geschlossen konnte man gegen außen auftreten. Die Anteile der nicht zum Mannesstamm der Lisberger Gehörigen stiegen bald bis zu 1/48stel Brüchen an. Keiner wußte mehr, wer was zu bestimmen hatte.

Nach der Auflösung der Gauverfassung versuchten aber die mächtig gewordenen Herren im Land wie die Bischöfe von Würzburg und Bamberg und der Markgraf von Kulmbach und Ansbach die frei gewordenen Burgenlehen sich zu unterstellen. Diese hinwiederum strebten die Reichsunmittelbarkeit an, die sie mangels eines Herzogs über Franken nur dem Kaiser unterstellte. Topographisch gesehen konnten sich die reichsunmittelbaren Ritterherrschaften vor allem an den Nahtlinien der größeren Territorien behaupten, wo einseitige Mediatisierungsversuche der fürstlichen Landesherren durch widerstreitende nachbarliche Interessen unter den Mächtigen eingedämmt und durch das Gleichgewicht der Kräfte in Schach gehalten wurden. Die meisten Ritter verstanden sich bald sehr geschickt und diplomatisch darauf, zu ihren eigenen Gunsten die Großen gegeneinander auszuspielen.

Für die Burg Lisberg, die sich unter mehreren Familien teilte, liefen die Dinge ganz anders und höchst merkwürdig. Lisberg, dessen Schicksalsstern nun einmal die fortgesetzte Besitzteilung war, wurde 1279 mit einem Teil der Burg würzburgisches und mit einem anderen Teil 1398 markgräflich ansbachisches Lehen.

Die Lisberger Burgherren hatten rechtlich also gleich zwei machthungrige, sich meistens feindlich gegenüberstehende Dynasten, und zwar einen geistlichen und einen weltlichen Lehensherrn über sich stehen. Man saß zwischen zwei fürstlichen Stühlen. Doch haben es die Besitzer von Lisberg vorzüglich verstanden, in allen zukünftigen Notlagen und Stürmen immer zur rechten Zeit auf den richtigen Stuhl zu rücken und den lachenden Dritten zu spielen.

Als im Hussitenkrieg 1422 fast alle Schlösser Frankens gegenüber dem Massenansturm der fanatisierten Scharen aus Böhmen ihre Uneinnehmbarkeit einbüßten, profitierte Lisberg durch den vom Bamberger Bischof teuer erkauften Abzug. Im Bauernkrieg 1525 stach dagegen der markgräfliche Trumpf. Während im würzburgischen und bambergischen Land alle Burgen mit wenigen Ausnahmen gebrandschatzt und geplündert wurden, blieb auf strengsten Befehl der bäuerlichen Rädelsführer Lisberg als markgräfliches Teillehen verschont.

Aus den Erfahrungen dieses unheilvollen Aufstandes ließ der damalige Besitzer Lisbergs, Konrad von Giech, das Torhaus, die Umfassungsmauern und den Zwinger verstärken. Der Anbau und die Zugänglichmachung des Wehrturms von der Seite des Wohntrakts her hat ihm dabei viel Ärger mit den Mitbesitzern eingebracht, da dadurch der alte Zugang zum gemeinsamen Bergfried verbaut und nur über den Giech'schen Neubau zu erreichen war. Die Gräben durfte jeder Mitbesitzer nur soweit benutzen, als sich die Mauern seiner Kemenate erstreckten.

Bei diesen unentwegten bis zu den höchsten Gerichten getragenen Streitigkeiten um jeden Taubenschlag und jeden Hundezwinger war es daher ein wahres Glück, daß bei dem verheerenden Streifzug des tollkühnen Markgrafen Albrecht an den Main und Rhein, bei dem nicht weniger als 180 fränkische Burgen in Flammen aufgingen, die Lisberger wieder auf dem Stuhl des markgräflichen Teillehens saßen. Ihre inneren Zwistigkeiten hätten nicht dem geringsten Ansturm mehr standgehalten. Zur gleichen Zeit brachten die bischöflichen Beziehungen dem streitbaren Giech als Vizedom der bambergischen Besitzungen in Kärnten reiche Revenuen ein. Mit diesem Ausspielen nach beiden Seiten erreichte die Burg im 16. Jahrhundert einen Höhepunkt der Pflege und Ausstattung. Daß Zwietracht nicht immer zehrt, sondern manchmal nährt, hat Lisberg an seinen doppelten Lehensherren nicht selten praktiziert.

Durch Kauf kam um 1600 auch die reichbegüterte, uradelige fränkische Familie von Münster in den Mitbesitz von Lisberg. Einem Ernst von Münster und seiner Gemahlin, einer geborenen von Collenberg, ist der Bau der prunkvollen Schneckenstiege zuzuschreiben. Ihre Wappen zieren noch heute das Treppentor.

Mit Ernst von Münster zog zum erstenmal eine protestantische Familie in Lisberg ein. Damit ergaben sich wieder neue Streitigkeiten untereinander, aber auch wieder eine neue doppelte Trumpfkarte in den nunmehr folgenden Religionskämpfen des Dreißigjährigen Krieges.

Als Kaiser Ferdinand II. 1629 das Restitutionsedikt, also die Ausrottung des Protestantismus, verfügt hatte, zögerte die bischöfliche Regierung in Bamberg nicht, in Lisberg mit Waffengewalt einen katholischen Geistlichen wieder einzusetzen. Mit Einzug Gustav Adolfs in Schweinfurt 1631 wendete sich aber schnell wieder das Blatt. Der vertriebene Pfarrer aus Lisberg huldigte dem Befreier in einer schwungvollen Rede. Ein Münster aus Lisberg trat als Rittmeister bei dem Schwedenkönig ein. Auf diese Weise mit beiden Parteien spielend, verstanden es die Lisberger Burgherren dank diplomatischen Geschicks und Ansehens, daß sie den ganzen Dreißigjährigen Krieg sowohl von der katholischen Liga wie auch von der protestantischen Union ungeschoren blieben. Ihr Aushandeln von Waffenstillstandsverträgen zwischen den Parteien hat sie als Zwischenhändler sogar unentbehrlich werden lassen.

Die nichtendenden Streifzüge, Einquartierungen, Kontributionen, Rekrutierungen, Seuchen und Hungersnöte hatten jedoch eine solche Verwüstung und Verarmung mit sich gebracht, daß das Dorf Lisberg z. Z. des Westfälischen Friedensschlusses 1648 nur noch 6 Einwohner zählte. Mit großer Mühe wurden pfälzische, österreichische und heimatlos gewordene Flüchtlinge angeworben. Sie bekamen Land unentgeltlich zugewiesen, wenn sie nur die verwahrlosten Äcker wieder in bebaubaren Zustand setzten. Die Lisberger Burgherren waren selbst in Schulden und höchste Geldbeklemmung geraten. Es verdient daher eine Witwe Elisabeth von Münster hervorgehoben zu werden, weil sie es durch ihre Umsicht und Geschicklichkeit verstanden hat, zunächst die Gläubiger zu vertrösten und bald darauf das Schloß und ganze Gut in

Ordnung zu bringen. Sie starb 1695 in Lisberg und liegt dort in Ehren begraben.

1707 starb die protestantische Familie von Münster aus. Wieder gab es Mißhelligkeiten mit den beiden Lehenshöfen. 1719 erbaute der eifrige Bekenner des Katholizismus, Wilhelm von Münster, die jetzige vor dem Schloß stehende katholische Kirche, die aber durch einen später hinzugefügten neuromanischen Querbau ihres barocken Charakters beraubt wurde. Der protestantische Gottesdienst wurde dafür in einer kleinen Kapelle neben dem Eingangstor ausgeübt.

Es würde zu weit führen, die Schicksale Lisbergs in allen noch folgenden zahlreichen Kriegen zu beschreiben. Bis zur Auflösung der Fürstenherrschaften durch die Eingliederung ganz Frankens 1806 nach Bayern sind die Lisberger ihrem Grundsatz treu geblieben, ohne Sturz zwischen zwei Fürstenstühlen zu lavieren und niemals den kürzeren dabei zu ziehen. Die Liste der hohen Stellen, die die Lisberger Burgherren dabei an allen Höfen innegehabt haben, würde Seiten füllen.

Die Burg Lisberg dankt ihre Unzerstörbarkeit mehr den klugen Köpfen als den eisernen Fäusten ihrer Besitzer, die in den Zentren der Politik geschickt mitgemischt haben und gewiß ihre verteidigungsstarke Burg ein gewichtiges Wörtchen im Hintergrund mitsprechen ließen. Die Innenräume Lisbergs verraten es: hier hausten keine Rauhbeine, hier residierten hochkultivierte Familien.

1850 kauften die im Steigerwald begüterten Fürsten von Castell Lisberg den letzten Münsters ab. Sie waren aber nur an dem landwirtschaftlichen und forstlichen Besitz interessiert. Die Burg betrachteten sie als lästiges Anhängsel.

1968 entschlossen sich daher die Castells, die dem Ruin nahe Innenburg mit einem kleinen Areal bergseitig um die Zwingmauern herum zum Verkauf auszuschreiben. So ging das riesige Baukonvolut, das kaum einer geschenkt haben mochte, für den Preis eines bäuerlichen Schleppers an Herrn Fischer über.

Eigentlich beginnt das Bewegende und fast Abenteuerliche der Geschichte Lisbergs mit diesem Besitzwechsel, sofern uns die Lebenden näherstehen, als die längst im Grabe ruhenden Vorgänger. Denn was soll eine Familie heute mit dem Koloß einer ruinösen und zudem abgelegenen Burg beginnen? –

Ein erfolgreicher Graphiker gibt der Burg Lisberg zuliebe seinen Beruf auf und geht allem Wohlstands- und Profitdenken zuwider in der Aufgabe ihrer Wiederherstellung auf. Ob sie als Museum oder Einkehrstätte für Touristen oder als Tagungsort einmal florieren könnte, steht auf einem anderen Blatt.

Aber wie auch immer, wer sich hier umsieht, was in den letzten 10 Jahren an Erhaltung und Verschönerung geschaffen wurde, weiß eines: Für die uralte Burg Lisberg ist ein neuer Anfang gesetzt. Lisberg wird nicht mehr weiter verfallen. Ein ehrwürdiges Denkmal unserer Vergangenheit ist gerettet.

So kann man nur mit dem Wunsch schließen, daß dieser einem Schicksalspakt gleichkommende, mutige Lanzenritt der Familie Fischer für die Burg Lisberg weiterhin von Glück und Erfolg gesegnet werde. Mögen die spukenden Schloß- und Zuschüsse ausspuckenden sonstigen Schutzgeister unserer wieder geschichtsbewußteren Zeit das ihre dazu tun.

SCHLOSS THURN ZWISCHEN ROKOKOKULT UND WESTERNTUMULT 1979

Situation

Wie ein langwährendes Menschenleben hat auch ein Jahrhunderte alter Bau seine wechselvollen Schicksale hinter sich. Da gab es karge und gab es üppige Zeiten, und der kostbare Frieden wurde immer wieder durch nichtendende Kriege unterbrochen.

Die frühmittelalterliche Wasserburg Thurn fällt aus dem geschichtsüblichen Ablauf fränkischer Schlösser und Burgen nicht heraus. Aber sie besitzt zwei besondere Merkmale, die sie hervorheben: Sie bezaubert durch eine zierliche Hofhaltung aus der Barock- und Rokokozeit, die auf das Geschmackvollste wiederhergerichtet ist. Die Miniaturresidenz wartet heute außerdem in dem umgebenden Park mit einem reichhaltigen Ferienzentrum auf.

Thurn und das dazugehörige Dorf Heroldsbach sind leicht für den Autofahrer zu finden, denn im weiten Umkreis der Städte Erlangen (15 km), Forchheim (6 km), Bamberg (25 km) und Höchstadt (20 km mit Ausfahrt aus Autobahn) laden zahlreiche Schilder zu Frankens neuer Attraktion, dem Ferienzentrum, ein. Die Erwartung ist gespannt. Einen Schildknappen Roland auf der Zugbrücke der Wasserburg, einen Chevalier Rokoko mit gepuderter Perücke und im Seidenfrack zwischen geschnittenen Hecken philosophierend und flanierend möchte man schon erwarten. Von Robin Hood, von Indianerdörfern und Westernsaloons hat man in den Annoncen bereits gelesen.

Die Landschaft um Thurn herum legt es auf jeden Fall nicht auf Attraktionen oder gar Sensationen an. Das heißt in Franken noch lange nicht, daß sie nicht Abwechslung und Liebreiz böte. Die fruchtbare Ebene des Regnitztales im Osten ist gerade soweit ausgelegt, daß die Berge des Jura mit den markanten Profilen des Walberle blauend und höchst wirkungsvoll herüberschauen. Im Norden von Thurn bringt sich der Steigerwald mit auslaufenden Waldwellen in letzte Erinnerung, während nach Westen und Süden Thurn dem idyllischen Weihergebiet um die Aisch herum angehört, dessen interessante Sumpf- und Wasserflora die Naturfreunde, dessen köstliche Karpfen die Sonntagsfahrer anlocken.

Besser als geographisch läßt sich die Besonderheit Thurns aber herausholen, wenn wir uns einmal in dem bunten Reigen der Schlösser und Burgen in der nächsten Umgebung umsehen. Für die ganze noble Clique jener alten Steinveteranen Frankens gelten im Grunde die gleichen Probleme und gleichen Sorgen. Wie kann für die viel zu großen Gehäuse eine sinnvolle Verwendung gefunden werden, um ihren Bestand für die Zukunft zu sichern? – Wie haben es die Nachbarn auf den Schlössern ringsum gemacht, um vergangene Kulturgüter zu revitalisieren und nutzbar zu machen? –

Auf einer Höhe unmittelbar über Forchheim, in einer Stunde Gehweg von der Stadt erreichbar, liegt die Jägersburg. Sie war einst als Jagdschloß mit eleganten Wohntrakten und einem originellen Torturm für den Fürstbischof Lothar Franz von Schönborn gebaut worden. Die heute dort untergebrachten Senioren genießen die großzügige Anlage, die mit Zentralheizung und allem üblichen Komfort versehen, auch im Winter sich gut bewohnen läßt. Die alten Herren müßten eigentlich wie die im Chelsea-Hotel in London untergebrachten Kriegsveteranen bunte Barockjagdkleidung und einen schönen Federbusch auf dem Barett tragen. Gewiß fiele es den Spaziergängern dann leichter, die Jägerburger anzusprechen und in Gespräche über die Vergangenheit zu verwickeln. Altersheim und Denkmalschutz brauchen lebendige Kommunikation.

Am potentesten im Herrichten alten Gemäuers sind unsere modernen Halbgötter, die Organisationen oder Ämter. Die Gelder, aber auch das Können und die Möglichkeiten fließen da von vielen Stellen zusammen, wie so etwas ein idealistischer Burgenbesitzer allein einfach nicht zusammenzukratzen vermag. Die Burg Giech bei Bamberg zum Beispiel, die nach dem Beschuß im Zweiten Weltkrieg dem Verfall preisgegeben schien, hat im zuständigen Landratsamt einen neuen gastlichen Burgherrn und Beschützer gefunden.

Stolz prangt heute im Burghof das Wappen des Landratsamtes neben dem des fürstbischöflichen Hochstiftes. Mit fachlicher Kenntnis und Sorgfalt wurden alte Ruinenteile wieder hergestellt und in die für Einkehr und Tagungen benötigten Räume miteinbezogen. Alles gibt die Hoffnung und Gewähr, daß das zwar nicht erbliche Geschlecht der Landräte ihr Mundschenkenamt auch weiterhin zum Nutzen aller fortführen werde.

In der nahe gelegenen fürstbischöflichen Sommerresidenz in Seehof hat sich das dort eingezogene staatliche Denkmalschutzamt für Franken gleich den größten

Brocken der Renovierung in seinem eigenen Wohnsitz vorgenommen. Die Denkmalschützer haben in den letzten Jahren anerkennenswert viel im ganzen Umland geleistet. Wie im Mai überall die Priester und die Chorknaben geschmückt in weißen Gewändern mit gelben Borten feierlich durch die Fluren wallen, so schön und hell gefärbelt leuchten einem heute in Franken zahlreiche Kirchen und Schlösser entgegen. Die einem früher liebgewordene graue Patina des romantischen Verfalls mag man unter dem vielen festschön Restaurierten gar nicht mehr als konkurrenzfähig betrachten. Burg Greifenstein und Burg Aufsess ziehen gewiß im neuen Denkmalsgewand ihres sauberen Verputzes mehr Touristen an, auf deren Eintrittsgelder zur Erhaltung der umfangreichen Gebäude sie schließlich angewiesen sind. Was nützt wilder Wein und romantischer Efeu, wenn darunter die Mauern bröckeln und verkommen?

Schloß Atzelsberg hat die finanzstarke Stadt Erlangen in ihre pfleglichen Arme genommen. Das Schloßhotel versteht sich besonders auf Ausrichtung von Hochzeiten und Jubiläen, die mit der Atmosphäre eines gepflegten Hauses gemischt, gar nicht mehr schief laufen können. In Schloß Wiesentfels und Schloß Freyenfels, beide auf steilem Felsen über dem Wiesenttal gelegen, können Burgenfans ihr nostalgisches Hobby ausleben. Gewiß haben sie nicht geahnt, was an nichteinkalkulierten Kosten und Reparaturen auf sie zukommen würde.

Burg Gößweinstein und Pottenstein halten sich mangels dazugehörigen Besitzes nur noch mit Eintrittsgeldern aus dem Besuch der Touristenmassen über Wasser. Die Halbruine Rabenstein, einst mit ihrem Burggärtchen der romantischste Fleck der ganzen Fränkischen Schweiz, wurde zu einer Superburg rheinländischen Ausmaßes mit siebenstöckigem Lift für eine Studiengesellschaft ausgebaut. In Schloß Pretzfeld hat die Firma Siemens ihre Forschungsingenieure in die Klausur geschickt. Wenn auch Forschung heute Zentralisierung verlangt und keinen Hieronymus mehr in der Studierstube, so sind die physikbegabten Schloßherren dort doch beachtliche Stufen auf dem Gebiet der Magnetfeldhalbleitern emporgestiegen.

Im schönen Park und Schloß von Unterleinleiter finden schwererziehbare Kinder von vermögenden Eltern pädagogisch erfahrene Pflege und Erziehung. Im Schloß Egloffstein haben die alten Besitzer kirchengebundener Jugend eine anziehende Stätte der Sammlung zur Verfügung gestellt.

In dem Bemühen der vielen, noch lange nicht alle aufgezählten Schloßbesitzer, ihre alten historischen Häuser und Parks den veränderten Zeiten anzupassen, steht der Hausherr von Schloß Thurn gewiß nicht nach. Im Gegenteil. Er hat den Sprung besonders kühn und weit bemessen. Er hat sich von seinem eigenen Schwung mitreißen lassen und die Baulust seiner Vorfahren aus Barock- und Rokokozeit in amerikanischer Disneylandmanier fortgesetzt.

Die Wasserburg

In den Fundamenten des heutigen Barockschlosses Thurn sind noch Teile der alten Wasserburg verborgen. Die Barockbaumeister sind kühn über die alten Grundrisse und Gebäude der ursprünglich auf reine Verteidigung angelegten Burgen hinweggegangen. Schloß Greifenstein und Schloß Freienfels sind typische Beispiele und Parallelen dazu. Die großen Wohnflügel beherrschen heute diese Schloßansichten so vollkommen, daß man mit der früheren Ritterburg keinen Zusammenhang mehr herstellen kann.

Die Geschichte Thurns ist sehr alt. Der Name läßt den Schluß zu, daß seine Ableitung von einem Turm, einer damals üblichen Turmhügelburg, erfolgte, dieser ältesten Form des Schloßbaues. Der 1412 schon erwähnte „Turm" ist wohl identisch mit dem bereits 1323 genannten bambergischen „Castrum Herboltzbach". Manche Historiker vermuten im nördlichen Eckbau Reste des mittelalterlichen Wohnturms. Im Mittelbau des Südflügels wurde der Kernbau des mittelalterlichen Torturmes festgestellt.

Man muß sich den nach außen fensterlosen trutzigen Wehrbau der Wasserburg auf einer hochaufgeschütteten Insel vorstellen, die von einem künstlich geschaffenen Teich und tiefen Graben umgeben war. Eine Zugbrücke mag die einzige Verbindung über die schmalste Stelle des Grabens hergestellt haben. Das nicht weit entfernte Schloß Kunreuth könnte als Wasserschloß noch am ehesten an die frühere Ansicht von Schloß Thurn erinnern.

Thurn war wohl von Anfang an Sitz des edelfreien Geschlechtes von Heroldsbach-Sambach, das 1125 zum erstenmal auftaucht und nach 1237 erloschen ist. In der Entstehungszeit der Burgen im 11. und 12. Jahrhundert nannten sich die ersten Besitzer immer nach dem Dorf oder der gleichnamigen Burg. Diese Namensverbindung, die außer in der Burg Aufsess und der Burg Egloffstein durch Aussterben der Geschlechter verlorengegangen ist, zeigt die enge Zusammengehörigkeit und Einheit, die die ritterliche Familie mit dem dazugehörigen, von ihr beschützten Dorf bildete. Die Doppelfunktion von Wehrbau und Heimstätte schloß wohnliche Wärme, frauliche Schmuckfreude und eine über Generationen bewährte und sich fortsetzende Gemeinschaft zwischen der herrschenden Sippe, ihren Grundholden und ihrem Gesinde ein.

Aus der Verwurzelung mit Land und Leuten in der Erbfolge vom Vater auf den Sohn und aus dem verschworenen Zusammenhalt durch dick und dünn wuchs in den Blütezeiten des Rittertums eine von Tradition und Großherzigkeit geprägte, gegenseitig sich fördernde Zusammengehörigkeit zwischen Burg und Dorf.

Solange diese Welt durch gerechtes gegenseitiges Geben und Nehmen heil war, florierte diese archaische und patriarchalische Ordnung. Das Bewußtsein des bodenverbundenen alten Adels fußte noch in einer vorkapitalistischen, vortechnischen Welt jenseits von Geld und Gewinnstreben. Jeder war in seinen Stand hineingeboren wie das Tier in seine Gattung. Die Ritterfamilie repräsentierte den Wehrstand, die Bauern und Handwerker im Dorf bildeten den Nährstand und die Geistlichen den Lehrstand. Eine herrlich einfache Gesellschaftsordnung, die in der Karolingerzeit und noch 2 Jahrhunderte danach umso besser funktionierte, je mehr der Druck von außen das Zusammenstehen dieser Burgengemeinschaften erforderte. Erst das Aufkommen der Städte mit ihrem Handel und Geldverkehr brachte einen tiefen Wandel jener ursprünglichen Naturalwirtschaft, in der alles auf persönlicher Gegenseitigkeit fußte.

Während in der Begründungszeit des Wasserschlosses Thurn die Herren von Heroldsbach-Sambach noch dem Kaiser als unmittelbarem Lehensherrn unterstanden haben werden, muß die Herrschaft Thurn nach dem Aussterben des Gründergeschlechtes an das Hochstift Bamberg gelangt sein, denn im ältesten Urbar des Hochstiftes aus dem Jahr 1323/27 wird es als bambergisches Lehen aufgeführt.

In der Folgezeit, in der bereits die Städte hochkommen und die Bedeutung des Adels schwindet, wechselt der Besitz häufig. Seit der ersten Hälfte des 14. Jahrhunderts sitzen als bambergische Lehensträger hier die Gotzmann. Von dieser Familie geht der Besitz nach Erlöschen des Mannesstammes durch die Heirat der Erbtochter im Anfang des 17. Jahrhunderts an die Herren von Bünau über.

Die Herren von Bünau blieben zwar bis 1677 Lehensträger, sie hatten aber schon 1626 den gesamten Thurner Besitz für ein Kapital von 10 000 Reichstalern verpfändet. Das Schloß ging in den folgenden Jahrzehnten mit dem Schuldbrief von Hand zu Hand. Über Wilhelm von Streitberg, Christoph Ludwig von Schaumberg, Carl von Streitberg und Wolf Friedrich Muffel von Ermreuth gelangte es 1649 an Georg Enoch von Guttenberg und von ihm schließlich an den Schwiegersohn Heinrich Wilhelm von Schönfeld. Nach einem langjährigen Prozeß, den dieser wegen der rückständigen Kapitalzinsen mit den Bünau führen mußte, wurde er endlich 1677 vom Bischof in das Lehen eingewiesen.

Es läßt sich leicht denken, wie schwer durch die alle Besitzungen in Franken heimsuchenden Katastrophen des Hussitenkrieges, des Bauernaufstandes und des Dreißigjährigen Krieges bei dem ständigen Besitzerwechsel Schloß und Gut Thurn in Mitleidenschaft gezogen worden ist und völlig heruntergekommen sein mußte. Am Schluß war das Schloß Thurn wohl nur noch eine Ruine.

Barocke Miniaturresidenz

Als der Enkel Adam Gottlieb von Schönfeld im Jahr 1748 den Besitz Thurn an den Bamberger Domdekan Lothar Franz Philipp Horneck von Weinheim verkauft, sind wir bei dem Mann angelangt, der zusammen mit seinem Bruder den „Sitz zum Thurn" zu der in sich geschlossenen noblen Anlage geformt hat, wie sie im Wesentlichen unverändert auf uns gekommen ist.

Nur eine geringe Anzahl der im Dreißigjährigen Krieg vernichteten fränkischen Herrensitze wurde noch einmal, wenn auch in verkleinertem Umfang und unter Verzicht auf die Abwehrkraft, wiederaufgebaut. Manche Familien wie die Pappenheims, die Löwensteins oder die Castells stiegen von ihren zerstörten Burgen herab in das Tal oder in die unter ihnen liegende Stadt. Die dort prunkvoll erbauten Residenzen dienten weit besser dem mit der Verfeinerung der Lebenshaltung gesteigerten Verlangen nach wohnlichem Behagen, repräsentativer Geselligkeit und der Ansammlung von Kunstschätzen.

Mit dem Absinken des Wehrwertes der Burgen und der zunehmenden Befriedung des Landes trat die Machtentfaltung immer mehr zurück hinter die Prachtentfaltung, die in der Zeit des Barock und Rokoko ihren grandiosen, ihren spielerischen und auf jeden Fall verschwenderischsten Gipfelpunkt erreicht hat. Nur dank der guten Pfründe in Bamberg konnten die Schloßherren in Thurn mithalten und blieben nicht, wie viele andere Nachahmer der großen Herren, im Schuldenmachen stecken.

Die Wandlung von der Ritterburg zu graziösen Pavillon- und Ensemble-Schöpfungen war größer nicht zu denken. Statt sich trutzig nach außen abzuschließen, holte man die kunstvoll und künstlich geschaffenen Gärten bis in das Innere der Grotten- und Figurenkabinette herein. Der stählerne Ritter in Harnisch und Visier machte Platz dem eleganten Kavalier im Samtfrack mit Spitzenärmeln, Bänderschuhen und gepuderter Perücke.

Die Horneck von Weinheim sind pfälzischer Herkunft. Sie treten um die Mitte des 14. Jahrhunderts erstmals auf und nennen sich nach Weinheim an der Bergstraße. Der Weg nach dem exklusiven Franken wird den Hornecks durch Heiratsverbindungen mit alten fränkischen Familien und durch Übernahme hoher Ämter im Hochstift Bamberg eröffnet. So hebt zum Beispiel den zweiten Sohn Johann Philipps Horneck von Weinheim kein geringerer als der große Fürstbischof Lothar Franz von Schönborn aus der Taufe. Dieser Lothar Franz Horneck von Weinheim steigt später auf zum Domdekan und Generalvikar von Bamberg. Er ist der Bauherr von Schloß Thurn in seiner heutigen Gestalt.

In einem Entwurf für die Bauinschrift spricht der Domdekan von „aedes prius ruinosas". Wie weit diese Behauptung dem Chronogramm zuliebe übertrieben ist, wissen wir nicht. Wir wissen, daß noch die Herren von Schönfeld dem Torturm seine heutige Gestalt gegeben haben (1728). Wir dürfen daher mit Grund annehmen, daß das Schloß zu ihrer Zeit bewohnbar war. Sicher aber war „Die Vereinigung von Schloß, Brauhaus und Heuschupfen auf der mit einer Zugbrücke dem festen Land verbundenen Insel", wie sie der Kaufbrief von 1748 beschreibt, nicht sehr repräsentativ.

Lothar Franz beginnt mit der Umgestaltung noch im Jahr der Erwerbung und baut durch ein Jahrzehnt hier ohne Unterbrechung bis in das Jahr seines Todes. Insofern bewährt er sich als ein würdiges Patenkind des vom „Bauwurmb" besessenen Kurfürsten Lothar Franz von Schönborn.

Planung und Leitung des Baues lagen in den Händen des Bamberger Architekten Johann Michael Küchel. Wir sind im einzelnen über die Baumaßnahmen am Schloß sehr unzureichend unterrichtet, weil die Baurechnungen leider nicht erhalten geblieben sind. In großen Zügen läßt sich aber immerhin folgendes aus dem erhaltenen Material ablesen:

Küchel findet – wie schon erwähnt – den Torturm in seiner heutigen Gestalt bereits vor. Dieser Torturm steht aber für sich, er hat nur an seiner nordöstlichen Ecke Berührung mit dem östlichen Gebäudetrakt. Auf der Westseite stand weit abgerückt vom Turm damals ein größeres Gebäude, das später als Amtshaus diente und vor etwa 100 Jahren abgebrochen wurde. Küchel schließt nun diese einzelnen Teile zusammen, indem er einmal die Schmalseite des östlichen Flügels um etwa vier Meter vorzieht und so in eine Flucht bringt mit dem Turm, und dann hierzu korrespondierend und zugleich als Verbindung zum Amtshaus den ganzen heute noch stehenden Gebäudeteil westlich vom Turm neu errichtet. Er schafft damit die große empfangende Fassade von 8 Achsen mit der durch den einstigen Torturm akzentuierten Mitte. Auch die schlichtere Seitenfassade des langgestreckten Ostflügels dürfte Küchel durch die Zusammenfassung von drei älteren Gebäuden gebildet haben.

1756 ist das Jahr der Vollendung des Schloßbaues, wie es uns die beiden Chronogramme am Turm nennen. Unter dem von Johann Adam Stöhr geschaffenen großen Horneck'schen Familienwappen verewigt sich da einmal der Bauherr mit den Initialen seines Namens: Lotharius Franciscus Philippus Wilhelmus Horneck de Weinheim, Ecclesiae Babenbergensis Decanus.

Die Ausstattung des Schlosses hat sich nun freilich weit über das Jahr 1756 hinaus hingezogen. So entstehen zum Beispiel die ihrer Ausstattung wegen bedeutendsten beiden Räume, das Kupferstichkabinett und die Bibliothek, erst unter dem Neffen des Bauherrn um 1770, beide ausgeführt von dem Forchheimer Schreinermeister Martin Mayer. In der Schloßkapelle, die zwei Drittel des neuerrichteten westlichen Schloßflügels einnimmt, kann der Domdekan am 13. August 1756 die erste heilige Messe lesen. Die Kapelle ist dem Heiligen Sebastian geweiht. Da es für eine etwaige ältere Schloßkapelle keinen Anhaltspunkt gibt, liegt die Vermutung nahe, daß das Patrozinium aus des Domdekans Bamberger Domherrnhof in der Karolinenstraße, der Curia Sebastiani, seinen Weg hierher fand. Nach Heinrich Mayers Zuschreibung stammen die Bildhauerarbeiten am Altar und an den Supraporten von Georg Reuß.

Nach dem Schloßbau wendet sich Lothar Franz Horneck dem Platz vor dem Schloß zu. Zuerst heißt das: Abbrechen eines regellos gewachsenen Ökonomiehofes. Für die Fassade des Schlosses muß ein freier Raum geschaffen werden, in den hinein sie ausstrahlen kann. Dieser umfriedete Vorhof sollte zugleich die Aufgabe des empfangenden Ehrenhofes vor dem Schloß übernehmen.

Die eine Seite dieses Platzes begrenzt Lothar Franz mit der langgezogenen Front einer niedrigen Wagenremise, an der gegenüberliegenden Seite übernimmt diese Aufgabe zunächst wohl nur ein Zaun zum Garten hin. 1758 entsteht dann nach den Plänen Küchels das Gärtnerhaus, das der Fassade des Schlosses über den Platz hin antwortet wie ein Echo.

1758 ist das Todesjahr des Domdekans. Sein Erbe ist der jüngere Bruder Johann Philipp Anton, gleichfalls Bamberger Domherr und durch ein Jahrzehnt Bambergischer Vicedom in Kärnten, Statthalter des Bischofs also in den Besitzungen des Hochstifts im Lavanttal.

Johann Philipp Anton führt das Werk seines Bruders weiter und schließt den Platz vor dem Schloß 1766 mit einem entzückenden Gartenpavillon, dessen Plan Michael Küchel entworfen hatte. Während dieser Bau mit einer Geraden den Hof begrenzt, schwingt er gegen den Garten zu aus. Das ursprüngliche Gesicht dieses Gebäudes, wie Küchel es errichtet hat, war erheblich eleganter, man möchte sagen mondän: In der Mitte erhob sich über dem Saal ein zeltartiges Kupferdach. Die flachgedeckten beiden Seitenkabinette waren gekrönt von mit Urnen besetzten Balustraden. Der Bauherr, der diesen Plan Küchels unterschrieb, war eben lange genug in Wien gewesen, um etwas von der dortigen Atmosphäre in sich aufzunehmen.

Man hatte aber an dem Kupferdach, das immer wieder repariert werden mußte, nicht viel Freude. Elf

Jahre nach dessen Aufrichtung, im Frühjahr 1777, nachdem der Architekt wie der Bauherr längst gestorben waren, ließ der Neffe des Domherrn dem Pavillon das Mansardendach aufsetzen, wie er es heute trägt. Dieses „doppelte französische Dach", das der Bamberger Zimmermeister Joseph Clemens Madler konstruierte, könnte kaum fränkischer sein. Es bedeckt den Pavillon Küchels ebenso ohne Bruch, wie es sich einfügt in seine Umgebung.

Die Stuckarbeiten im Pavillon, die großen Figuren, die das Urteil des Paris uns vorführen, hat ein Nürnberger Stukkateur geschaffen, dessen Name in den Akten nicht genannt wird.

Einen besonderen Reiz bildete damals der Garten. Für die Ausgestaltung seiner älteren Teile ist 1762 wohl das wichtigste Jahr: Damals ließ Johann Philipp Anton an die zwei Dutzend steinerne Figuren, Urnen und Blumenkörbe hier aufstellen, die zum Teil aus Seehof herbeigeführt, zum Teil von Bonaventura Joseph Mutschele geschaffen wurden. Sie standen um ein Bassin mit einer „Wasserkunst" in der Mitte des Parterres mit seinen Teppichmustern. Sie flankierten Treppen und Heckengänge, sie waren mit „lebhaften Farben gemahlen und ausgefaßt der Natur nach". Zu den älteren Anlagen gehörten ein „Labyrinth" und ein Heckentheater, auf das ein von hölzernen Arkaden gesäumter Gang hinführte.

Unter dem Neffen des Domherrn, Anton Joseph Horneck von Weinheim, dem letzten Oberhofmarschall des Hochstifts, hält im späten 18. Jahrhundert die Gartenkultur der Empfindsamkeit ihren Einzug. Wir hören in den Rechnungen von der neuen englischen Anlage, von den elysäischen Gefilden, von der Grotte, dem Badhaus, der Karthause, Eremitage oder Klause, von einer Pyramide und von Kolonnaden-Ruinen.

Was dieser Garten im 18. Jahrhundert einmal war, das läßt sich heute nur noch erahnen. Seine französischen Teile hat man schon vernachlässigt in einer Zeit, die sich abwandte von der „Unnatur" dieses Stils. Sie hat sich befreit aus der ordnenden Hand des Gärtners. Das ist ein Schicksal, dem kaum einer der großen Gärten und Parks des 18. Jahrhunderts ganz hat entgehen können. Veitshöchheim bildet davon eine seltene Ausnahme.

Die Erbauer und Schöpfer dieser reizend verspielten Landresidenz inmitten zierreicher Gärten gaben zwar vor, in Schloß Thurn ein refugium von ihrer Tätigkeit am Hochstift Bamberg zu suchen. Ihre lebenszugewandten Gesichter, festgehalten in Porträts im Schloß, sowie die unzähligen zum Feiern und zum Spiel auffordernden Lustanlagen in Garten und Park sprechen aber für rege Geselligkeit und gästereiche Festivitäten. Man kokettierte damals mit philosophischer Zurückgezogenheit und nannte sein retiro mit Vorliebe Eremitage oder Monrepos. In Wirklichkeit spielte man nur großes Theater. Nach einem Spottwort auf den Grafen Chateaubriand sehnte man sich damals nach dem Leben eines Eremiten, vergraben in tiefer Waldeinsamkeit, jedoch inszeniert auf großer Bühne vor gefülltem Zuschauerraum. Rokoko, das ist die herrlich dekadente Welt des liebenswürdigen Scheins, des Theaters und der Schäferspiele.

In der Folgezeit fiel Thurn an die Freiherrn Sturmfeder von Oppenweiler – später Horneck. Über weibliche Erbfolge ist es schließlich an den heutigen Besitzer, den Grafen Bentzel zu Sternau und Hohenau gekommen.

Die letzten zwei Generationen haben sich in vorbildlicher Weise für die Erhaltung des Hauses eingesetzt und die gesamte Schloßanlage grundlegend und ausgezeichnet renoviert. Im Inneren der intimen Räume wurde unter fachkundiger Hand eines der schönsten Barock- und Rokokointerieurs geschaffen, dessen zierliche Perfektion allerdings heute mehr unsere Museumsfreude als unser breitausladendes Wohnbehagen befriedigt.

Ferien- und Freizeit-Zentrum

Der Sprung von den koketten Lustbarkeiten des graziösen Rokoko zu dem sensationslüsternen und ohrenbetäubenden Massenrummel eines Freizeit- und Ferienzentrums amerikanischer Prägung ist größer kaum zu denken. Dennoch, die Lust am Absurden vereint beide. Die Salondame, die eine Schäferin spielte und der Büroangestellte, der auf einem Pony als Cowboy reitet, treffen sich im theaterhaften Schein.

Warum sollte nicht die in Seide und Spitzen herausgeputzte Gesellschaft, die Damen im weiten Reifrock, die Herren in goldbestickten Seidenfräcken und Bänderschuhen, beide in ihrer durch bepuderte hohe Perücken noch betonten Feminität nicht ebenso amüsierten wie schockierten Anstoß genommen haben an unserer Welt der rowdyhaften Männlichkeit, in der die Einheitsbluejeanshosen, die Windjacken und die langen Haare die Geschlechter kaum unterscheiden lassen.

Das Spiel mit Luftschlössern triumphiert. Die Stelle von koketten Putten und Gartenfiguren inmitten von Wasserspielen nehmen heute Tümpel und Weiher voller seltener Zier- und Wasservögel und Kinderspielplätze mit den raffiniertesten Kletter-, Schaukel- und Rutschgeräten ein.

Haben die Schöpfer des Rokoko die Welt der griechischen Götter figurenreich herbeigerufen, so wurden am Eingang des Parkes die Gebrüder Grimm und ihr „Land der Märchen" vom Aschenputtel über Hänsel und Gretel ohne Auslassung bis zu den Bremer Stadtmusikanten in lustigen Aufbauten in den Wald gezaubert. In einem Schwammerlkiosk zwischen Froschkönig und Dornröschen verführen Limonaden, Coca Cola, Eisstangen und Kaugummi die Kleinen zur ersten, noch lange nicht zur letzten Rast in den folgenden Kiosken.

Statt in Irrgärten sich neckisch zu verstecken und zu finden, wälzen sich die Besuchermassen auf breiten Straßen durch die Überfülle der Attraktionen in das 30 Hektar große Wiesen- und Waldgelände. Wer die weiten Wege scheut, kann eine Kleinbahn, gezogen von einer Oldtimerlokomotive, benutzen. Tunnels und Felsenattrappen, ein Indianerdorf und ein Lager am Red River sorgen für eine Rocky Mountains-Atmosphäre. Auch Ponys zum Reiten und Kutschieren stehen bereit. Wer jedoch das Geschütteltwerden auf Wildpferd- und Ochsenrücken oder im polternden Planwagen bevorzugt, dem stellt die Elektro-Mobil-Technik gegen Münzeinwurf ihre neuesten Modelle zur Verfügung, sofern nicht die zu Cowboywildheit ermunterten Jugendlichen die verkleideten Sprungfederböcke schon kleingekriegt haben.

An Wildgehegen besetzt mit Kamelen, Yaks, Lamas, Damwild, Hirschen, Wildschweinen, Fischottern und vielem mehr und Tierkäfigen vorbei, hinter denen Waschbären, Skunks, Uhus, Adler und selbst Leoparden gehalten werden, führt der Weg dann in die Westernstadt zum Rummelplatz aller Cowboyfreuden und Wildwestern-Knalleffekte.

Nichts fehlt auf dem von Supersonic-Automaten überlärmten zentralen Robin-Hood-Platz der Westernstadt, nicht das New-Orleans-Theatre mit Ankündigung bekannter Künstler im Programm, nicht der Westernsaloon, nicht das Cinema-Theatre mit Westernfilmen, nicht der Drugstore, der Blacksmith, die Schießbude der „Rauchenden Colts", nicht der Wool-, nicht der Candy-, nicht der Tobacco-Shop, nicht das Hotel Washington, die Bank of Thurn, nicht das Westernmuseum, nicht der Minigolfplatz, nicht der Autoscooter, nicht die Gamble-Hall für Glücksspieler, nicht die Kegelbahnen verschiedener Ausführungen und am Ende nicht einmal die Sheriff-Wachstube und eine Baby-Wickelstation.

Eine Wasserburg für Affen, ein kleiner See zum Kahnfahren und Wassertreten und ein ausgemalter Rittersaal mit Motiven aus der Manessischen Liederhandschrift zur gastlichen Aufnahme von hunderten von Besuchern beschließen das verwirrend abwechslungsreiche Ferien- und Freizeit-Zentrum, mit dem selbst das als größtes derartiges Unternehmen Europas gerühmte Vergnügungszentrum in Jersey auf den Britischen Kanalinseln meines Erachtens nicht konkurrieren kann.

Man kann dem keine Hindernisse scheuenden Schloßherrn und Unternehmer nur allen Erfolg und dem Publikum uneingeschränktes Vergnügen an diesem Dreiklang Schloß Thurn als Wasserburg, Rokoko-Juwel und amerikanisch-fränkischem Vergnügungsprater wünschen.

DAS GEHEIMNIS EINES WELTERFOLGES

Nach 1948 hatte ich wiederholt und über Jahre hinweg das Vergnügen, mit Gustav Schickedanz am gemeinsamen Mittagstisch zusammenzusitzen und die weitgespanntesten Themen und Probleme zu besprechen.

Bei der Bescheidenheit und Zurückhaltung meines Gesprächspartners in seinen eigenen Sachen blieb ein Rätsel für mich ungelöst: Auf was – in wenigen Worten ausgedrückt – konnte wohl der faszinierende Aufstieg des Gustav Schickedanz von dem 1923 klein begonnenen, selbständigen Kurzwarengeschäft zu einem Weltunternehmen mit Milliardenumsätzen zurückgeführt werden? –

Schickedanz selbst dazu befragt hat einmal geäußert: Es gäbe kein anderes Geheimnis seines Erfolges „als mit peinlichster Sorgfalt darauf zu achten, daß jeder, der das berühmte blaue Paket bekommt, für den billigen Preis stets auch eine gute Qualität erhält".

Gewiß ließe sich ein ganzer Katalog von unternehmerischen und kaufmännischen Tugenden und Fähigkeiten auf Gustav Schickedanz häufen, die von Bedachtsamkeit über Ideenreichtum bis zum risikofreudigen Zugreifen reichen. Auch ließe sich das intuitive Gespür hervorheben, mit dem er den richtigen Mann und – nicht zu übersehen – die richtige Frau, nämlich die eigene – auf den richtigen Posten gesetzt und die richtige Ware zum richtigen Preis an den richtigen Kunden herangebracht hat.

Mit Lobesworten und ehrenden Nachrufen, wie sie dem großen Verstorbenen 1977 in ergreifender Weise am Grabe zuteil geworden sind, ist aber noch immer nicht das Geheimnis der Person Schickedanz und des mit ihm untrennbar verbundenen phänomenalen Welterfolges erklärt.

Nicht einmal mit dem vielbeschworenen „ersten Blick" kam man dem Rätsel Schickedanz näher. Der erste Eindruck irritierte eher, denn anstelle eines Bosses mit lauter Stimme und kräftigen Ellenbogen begegnete man einem in Haltung gesammelten, mittelgroßen, sehr soigniert gekleideten Herren mit Brille und sanften, beinahe introvertierten Gesichtszügen. Man hätte durchaus einen Hochschulprofessor mit dem Lehrfach Ästhetik oder Poetik in ihm vermuten können. Bei näherem Kennenlernen war die Annahme gar nicht einmal abwegig. Gustav Schickedanz' Sammlungen von mittelalterlicher Kunst und von bibliophilen Kostbarkeiten sowie seine Vorliebe für Lyrik (insbesondere Rilke) sind ein beredtes Zeugnis für sein Kennertum und sein weitgefächertes Kunstengagement.

Hatte der Selfmademan Schickedanz etwa das kluge Wort der Dichterin Ebner-Eschenbach wahrgemacht, daß jeder Mensch zaubern könne, wenn er sich nur auf drei Dinge verstünde? – Man müsse erstens wissen, was man wolle. Man müsse zweitens warten können und dürfe drittens keine greifbare Gelegenheit entwischen lassen.

Gustav Schickedanz' Absichten waren von früh an darauf ausgerichtet, breitere, also minderbemittelte Käuferschichten mit knapp kalkulierter Ware zusammenzubringen und damit einen neuen Käufermarkt zu erschließen. Er hat 4 Jahre lang von 1923 bis 1927 gewartet, bis er seine Chance in der Gründung eines Versandhauses erkannte. Als sich die Marktlücke für seine Reichweite öffnete, sprang er wie ein Löwe ein. 1973 hatte der Umsatz des Versandhauses Quelle bereits die 5-Milliarden-Grenze überstiegen.

Das beherzigenswerte Erfolgsrezept unserer großen Dichterin zaubert freilich noch nicht die harten Voraussetzungen herbei, mit denen eine krisenfeste internationale Marktposition begründet und gehalten werden kann. Erst mit der Einführung der Preisstabilität, dem Qualitätsschutz und einem weitverbreiteten Kundendienst für die Ware gelang der epochemachende marktwirtschaftliche Durchbruch der Quelle.

Bei den rapid ansteigenden Umsätzen des Versandhauses Quelle schwoll das Problem der fristgerechten Verarbeitung der Massenaufträge immer beängstigender an. Man hatte Wind gesät, und war dabei, Sturm zu ernten. An manchen Tagen mußten über 200 000 Einzelsendungen aus einem Sortiment von rund 40 000 Positionen in alle Richtungen und Länder abgefertigt werden. Um den in keiner andern Branche bisher in solchem Stau angefallenen Arbeitsaufwand zu bewältigen, war man gezwungen, technisches Neuland zu betreten.

Nach Versuchen in verschiedenen Richtungen wurden schließlich mit einem Aufwand von einhundert Millionen Mark speziell angefertigte und neuentwickelte EDV-Anlagen und ein eigenes Rechenzentrum eingerichtet. Mittels Datenspeicherung, elektronischer Fördertechnik und einem automatisierten Transportsystem kam ein selbsttätig gesteuerter Warenfluß in Gang. Die Quelle darf für sich in Anspruch nehmen, die größte Versandmaschine der Welt in letztlich maßgebender Regie und Entscheidung ihres Firmenchefs entwickelt zu haben.

Wie für eine Armee im Aufmarsch alles bis in das Kleinste generalstäblerisch geplant, bereitgestellt, angeordnet und überwacht werden muß, mit einer ähnlichen, allumfassenden Logistik wurde bei der Quelle vom Einkauf bis zum Verkauf und Versand alles koordiniert. Die gewonnenen Erfahrungen bewährten sich beim Aufbau einer Gruppe Handel, Papier und Brauerei mit ihren zahlreichen Produktionsstätten und bei der Errichtung und Einrichtung von Warenhäusern und Verkaufsstellen im In- und Ausland, die Gründung der eigenen Norisbank nicht zu vergessen.

Die Annahme läge daher nahe, das Geheimnis Schickedanz und Quelle läge in der perfekten Logistik des Zusammenspiels aller Faktoren, die schließlich im Großraumspeichersystem der Dritten Computer-Generation gipfelten.

Muß man neben den faszinierenden Einrichtungen, Daten und Zahlen der Versandmaschine Quelle überhaupt noch nach einem Geheimschlüssel des Erfolges forschen? – Die Antwort ist einfach: Ohne Schickedanz gäbe es keine Quelle und keine weitverzweigten Stützpunkte und Produktionsstätten. Also muß in der Person des Firmenschöpfers etwas liegen, eine an Magie grenzende geheime Kraft, ein Charisma, ein rotes Telephon zu den Göttern oder wie jeder es nennen mag, und wären es nur mitreißende Gedanken, die einen ganzen Mitarbeiterstab in Bann ziehen.

Mir scheint der von Vater und Mutter her gebürtige Franke Gustav Schickedanz hat eine sehr typische

Eigenschaft dieses Landes besessen, die uns einen Schritt näher an die Lösung des Rätsels bringt: Die Franken sind ganz groß im Kleinen. Ob sie nun einst „auf ganz und gar sandichtem Boden des Reiches Schatzkästlein" gezaubert haben oder ein Diftler, wie der Nürnberger Peter Henlein „aus wenig Eisen und vielen Rädern eine 40 Stunden zeigende und schlagende Taschenuhr" erfunden hat, die Franken waren immer im Kleinen unübertrefflich. Das Große, das Schicksalhafte läßt sich doch nicht wenden und meistern.

So war auch Gustav Schickedanz eingestellt. Eine seiner vorzüglichsten Eigenschaften war, daß er sich auch um das Kleinste kümmerte und für jeden und für alles da war. Er war da mit hilfreicher Unterstützung, wenn ein Mitarbeiter von einem Leid betroffen wurde, war da mit sinnigen Geschenken, wenn es jemand zu erfreuen galt, war da, wenn es für seine Arbeiter und Angestellten etwas zu verbessern gab, war da mit eigenem Zupacken und Ratschlägen, wenn irgendwo Mängel auftraten, war da mit Bedacht und Mut, wo Entscheidungen fällig wurden, war da, wenn es zu fördern, zu stiften, zu bewirten, zu repräsentieren, zuzuhören, anzusehen, auszusuchen oder was immer zu tun gab. Gustav Schickedanz war so allgegenwärtig, daß man schon fast sagen konnte, daß er ermunternd hinter jedem stand, auch wenn er nicht anwesend war.

Damit ihm nichts, auch nicht das scheinbar Nebensächliche entging, wendete er die Methode der kleinen Zettelchen an, die er unauffällig aus der Jackentasche nahm und bekritzelte, wenn ihm etwas bemerkenswert erschien oder irgendeine Anregung oder ein Anliegen an ihn herangetragen wurde. Unfehlbar wurde danach alles erledigt.

Seine Achtsamkeit auf alle Menschen und seine Gewissenhaftigkeit im sachlichen Detail bildeten zweifellos Stufen zu seinem Erfolg. Er teilte diesen Erfolg seit 1942 mit seiner Frau Grete Schickedanz, die als der ideale Ehe- und Firmenpartner das Quelle–Imperium heute mit warmem Herzen und klugem Verstand weiterführt.

Die Leitung und Betreuung von 40 000 Mitarbeitern, der Überblick über -zigtausende Warenpositionen und der Kontakt mit Millionen Kunden stellt eine Daten-Astronomie dar, wie sie heute nur noch von modernsten Computern greifbar gemacht werden kann. Gustav Schickedanz und seine Frau haben bei allem schwindelerregenden Höhenflug dennoch das Ruder in ihrer ganz persönlichen Weise fest im Griff behalten und zwar nicht nur von der Sache sondern insbesondere auch vom Menschlichen her.

Darin scheint wohl das Geheimnis des Schickedanz'schen Welterfolges zu liegen.

PLAUDEREI ÜBER PLÜSCH

Die fränkischen Unternehmer haben viel Sinn dafür, ihren Jahrestagungen oder Jubiläen ein feierliches Gepräge zu geben.

Als die erfolgreiche Plüsch- und Möbelstoffweberei E. Schoepf KG in Stammbach 1976 ihr 125jähriges Firmenjubiläum beging, ließ sie die von dem ausgezeichneten Buchillustrator und Kunstmaler Karl Bedal zu meinen Texten entworfenen Zeichnungen in einer Festschrift drucken. Die gefälligen Büchlein wurden an die Belegschaft (350 Mitarbeiter und Mitarbeiterinnen) sowie an die zahlreichen Kunden und Lieferanten verteilt.

Da das Aufblühen der Stammbacher Plüschfabrik durch Aufkommen der Dampfkraft, der mechanischen Webstühle, der Eisenbahn und Ausnutzung des nahen tschechischen Kohlevorkommens typisch für die ganze Entwicklung der Nordbayerischen Industrie ist, seien mit Einverständnis des Geschäftsführers der E. Schoepf KG einige Auf- und Abpassagen der Zeit von 1850 bis zur Gegenwart hier nachgedruckt.

Die Eisenbahn kommt

Als man den Vater des Gründers der Firma Schoepf, den Weber Jakob Schoepf, 1836 zu Grabe trug, war gerade ein Jahr seit dem sensationellen Ereignis vergangen, das die Inbetriebnahme der ersten Eisenbahn des Kontinents zwischen Nürnberg und Fürth für die damalige Zeit bedeutete. Der Dampfmaschinenantrieb und seit 1820, als das Walzen von Schienen gelungen war, die von Dampfkraft gezogene Eisenbahn war im großen Kommen. Der industriellen Evolution war damit das Tor aufgestoßen in eine neue Welt der Technik, die unseren Erdball verändern sollte. Heute, wo uns die Grenzen des Wachstums und die Totalität der atomaren Vernichtung als ein Menetekel vor Augen stehen, wagen wir nicht mehr zu sagen, ob das Tor nicht ein Schlund war, der uns in den Abgrund reißt.

James Watt hatte bereits 1782 die erste funktionstüchtige Dampfmaschine für eine englische Baumwollweberei geliefert. 1810 wurde die Gesamtzahl der in England eingesetzten Dampfmaschinen auf bereits über 5000 geschätzt. Der Siegeszug der englischen Industrie mit ihrer günstigen Kohlenbasis schien auch auf dem textilen Sektor nicht mehr aufzuhalten und einzuholen.

Aus der Sorge König Ludwig I. von Bayern, in der Nord-Süd-Strecke von Württemberg überholt zu werden, ging man 1838 bis 1848 eifrig an die Fertigstellung des Schienenstranges bis Hof, um den Anschluß an das nach Leipzig und Berlin führende Eisenbahnnetz herzustellen.

Da mag es den alten Herrn Konrad Schoepf und seinen 1836 geborenen aufgeschlossenen Sohn Erdmann manchesmal dazu verführt haben, zu der nah an Stammbach vorbeiführenden Bahnstrecke, vor allem aber zu der nur wenige Kilometer entfernten Baustelle auf der „Schiefen Ebene", zu wandern. Das kühne Projekt der Überwindung eines Höhenunterschiedes von 300 Metern, das weder auf dem Kontinent noch in

England bisher gewagt worden war, bewegte damals alle Ingenieure und Eisenbahnfans. Erst wollte man eine Zahnradstrecke, dann einen Seilgegenaufzug konstruieren, um die Wasserscheide zwischen Rhein und Elbe an der Westseite des Fichtelgebirges zu bewältigen. Schließlich verlegte man sich auf eine Steigung in einer schiefen Ebene, die durch gewaltige Berganstiche und Aufschüttungen unter Zuhilfenahme von zusätzlichen Schublokomotiven das Wunderwerk schaffen sollten, das zu einer touristischen Sensation wurde.

Jedes der schnaubenden Ungeheuer mit seinen Feuer und Rauch speienden langen Schornsteinhälsen besaß damals einen entsprechend eindrucksvollen Namen. Als das klassische Altertum als Taufpate für Lokomotiven ausgeplündert war, nahm man auch keinen Anstoß, daß bayerische Lokomotiven die Namen von preußischen Heerführern wie Blücher, Gneisenau und Lützow trugen.

So hatte der alte, für die deutsche Zolleinigung kämpfende Tübinger Professor Friedrich List, den sie den „großen Deutschen ohne Deutschland" nannten, mit seinem patriotischen Traum von der Einheit seines Vaterlandes durch die große Klammer der Schienenwege doch nicht ganz unrecht gehabt. Wenn auch die Einheit auf sich warten ließ und heute zufolge neuer Spaltung eine Mehrzahl der Schienenwege nach dem anderen Teil Deutschlands schon wieder verrosten, der große Eisenbahnbau vor der Jahrhundertwende blieb nicht ohne Einfluß darauf, daß Vater und Sohn Schoepf die Lage auch für die Zukunft ihres Betriebes überdachten und vorausplanten. Daß Stammbach einmal wieder zum Grenzland würde, das hat damals gewiß niemand ahnen und befürchten können.

Es paßte ausgezeichnet in das Gründungsjahr der kleinen Fabrik Schoepf, daß im gleichen Jahr 1851 die Götzschthaleisenbahnbrücke eingeweiht wurde. Mit der bisherigen Erschließung von Westen und Süden her durch die Strecke Bamberg–Hof war noch kein wirtschaftlich lohnender Bezug von rheinischer Kohle möglich. Auch mußte man befürchten, von dieser Richtung her mit billigeren Textilien aus den fortschrittlicheren Ländern des Westens überschwemmt zu werden. Die Götzschthalbrücke dagegen eröffnete für die ganze, immer etwas vernachlässigte Nordostecke Bayerns, den entscheidenden Zugang zur billigen Braunkohle im sächsischen und böhmischen Gebiet um Zwickau und Brüx. Von da ab erst konnte an die rentable Ausnützung der Dampfkraft für die oberfränkische Textil-, Porzellanindustrie und die Bierbrauerei im Großen herangegangen werden.

In jeder Darstellung der oberfränkischen Wirtschaftsgeschichte wird das Ereignis dieses Brückenbaues als die entscheidende Voraussetzung herausgestellt, die die Industrialisierung eines Raumes ermöglicht hat, der im Weben, Spinnen und Färben auf eine uralte handwerkliche Tradition zurückblicken konnte. Dank einer markgräflichen Order aus dem Jahr 1879 war die Leinenweberei aus dem Zunftzwang herausgenommen und zu einem freien Gewerbe erklärt worden. Vom Gesetz her stand dem Großbetrieb nichts mehr im Wege. Es fehlte also nicht an merkantilistischer Aufgeschlossenheit, zumal nicht bei der Eingliederung dieses Gebietes 1806 nach Bayern unter dem aufgeklärten Ministerpräsidenten Montgelas, es mangelte nur an der

Kohle und am Kapital zur Anschaffung von kostspieligen Dampfmaschinen. Immerhin weist ein Generalbericht des Ministers Hardenberg aus Bayreuth für das Jahr 1800 bereits über 10 000 Beschäftigte in der Spinnerei und Weberei mit Schwerpunkten in Hof, Münchberg, Bayreuth und Kulmbach aus.

Die Götzschthalbrücke reihte sich ebenbürtig in Kühnheit und Attraktion an den Ausbau der Schiefen Ebene an. In 4 Etagen mit 71 Pfeilern und Bögen, fugenlos aus Granitstein gehauen, überspannt sie noch heute wie ein römischer Aquädukt das tiefe Tal. Man müßte den Kohlenberg vor Augen sehen, der inzwischen auf diesem Wege in die oberfränkischen Heizkessel gerollt ist. Ein zweites Weißensteinmassiv wäre wohl nicht auszuschließen.

125 Jahre Internationale Industrieausstellung London

Noch ein zweites epochemachendes Ereignis darf sich die Firma Schoepf in das Jahrbuch ihrer Gründung schreiben. Im gleichen Jahr 1851 wurde im Hyde-Park in einem zu diesem Zweck erbauten Kristallpalast von noch nicht dagewesener Größe und filigranhafter Leichtigkeit der Konstruktion die erste internationale Industrieausstellung der Welt eröffnet.

Die Monsterausstellung mit ihrem ehrgeizigen Aufruf zur großen Konkurrenz aller Fabrikanten der Welt leitete spektakulär das Industriezeitalter ein. Sie wirkte sich aus bis in alle Branchen der mechanischen Produktion und schlug ihre Wellen bis in das kleine Stammbach. Vater Schoepf und Sohn wird es, aufgerührt durch ihre eigene Unternehmungsgründung, aus den laufenden Zeitungs- und Illustriertenberichten nicht entgangen sein, daß ein neuer Möbelüberzugsstoff, der Plüsch, in besonderem Maß den Zeitgeschmack getroffen und seinen Siegeszug angetreten hatte.

Während mehrere französische Firmen neben einer einzigen türkischen und sardinischen bereits Medaillen für Plüschstoffe einheimsen konnten, zeigte der deutsche Liefermarkt darin eine Produktionslücke auf. Hier setzte nun in den folgenden Jahren Erdmann Schoepf seine ganze Kraft und Geschicklichkeit ein, bis es nach Herstellung zunächst auf Handwebstühlen mit der tatkräftigen Unterstützung seines hochbefähigten Schwiegersohnes Ottmar Müller 1888 so weit war, daß die Firma E. Schoepf, die 1882 unter diesem Namen inzwischen in das Handelsregister eingetragen worden war, als erste mechanische Plüschweberei Bayerns ihre Produktion von Plüschmöbelstoffen in größerem Stil aufnehmen konnte.

Das Signal von London mit dem beinahe visionären Charakter einer kommenden, von der Technik beherrschten Welt, wurde von allen hellen Köpfen wahrgenommen und pflanzte sich in einer unternehmerischen Unruhe fort. Bald darauf nahmen Paris, Chikago und Wien das gegenseitige Anprotzen der Nationen mit Industrieprodukten auf. Die Franzosen, die immer ehrgeizig in Sachen des Ruhmes reagierten, setzten die Welt mit dem 300 Meter hohen, mitten im Ausstellungsgelände errichteten Eiffelturm in Bewunderung und Staunen, bis schließlich die Belgier 1958 in Brüssel einen neuen, in die Augen fallenden Kraftakt setzten. Sie bauten als Symbol der neuesten Entwicklung das Riesenspielzeug des Atomiums in ihrem Ausstellungspark auf, um das herum die Ingenieure aller Länder ihre

Pavillons in akrobatischen Balanceakten von freitragender Stahlbetonarchitektur gruppierten. Die Endzeit kolonialer Größe gab diesem Schauspiel der Industrienationen noch einen letzten exotischen Reiz.

Die Pomp- und Plüschzeit

Luxuriöse Gegenstände, reichgeschnitzte Möbel, vergoldeten Zierrat und herrliche Stoffe hat es schon in früheren Zeiten gegeben. Renaissance, Barock und Rokoko überbieten sich geradezu in üppigen Formen und in der Güte und Schönheit des Materials. Aber dieser Pomp war bis zur Gründerzeit einem kleinen Kreis von höfischer, staatlicher oder kirchlicher Repräsentanz vorbehalten, der hohe Kultur und Geschmack herkommensmäßig verbürgte und einen soliden Handwerkerstand zur Verfügung hatte.

Mit dem Aufkommen des mechanischen Antriebs von Schnitz- und Drehbänken, von Spinn- und Webmaschinen und unendlich vielem mehr wurde fast schlagartig die bisherige handwerkliche Herstellung verdrängt und ersetzt. Die Massenproduktion in der Fabrik brachte eine ungeahnte Verbilligung und ermöglichte damit einen Absatz in weite Schichten der Bevölkerung. Industrielle, Bankiers und Kaufleute erhoben nun als Bauherren und private Auftraggeber den gleichen Anspruch wie früher nur die Fürsten. Sie verstiegen sich im Rausch des Neuen, ihre Villen und oft auch ihre Fabriken mit Türmchen, Erkern und üppigen Fassaden schloßartig auszustatten. Die Gebäude wurden mit dem Zuckerwerk von gußeisernen Geländern, Balkonen und Kandelabern überladen, die

Böden mit fabrikgewebten Teppichen ausgelegt, die Fenster und Türen mit quasten-, klunker- und troddelreichen Vorhängen und Portieren verhangen, die Wände mit Kunstdrucken vollgepflastert, die Decken mit Kristalleuchtern behängt, jede freie Stelle mit Vasen voller künstlicher Blumen, mit zerbrechlichen Nippes und Büsten auf Säulen gefüllt. Besonders beliebt waren lebensgroße Mohrenknaben aus Papiermaché, die künstliche Früchte anboten oder, noch schlimmer, Münzschalen zum Füllen mit Trinkgeld einem ostentativ entgegenhielten.

Der aufdringliche Geist des Mammon war allgegenwärtig.

Einen Höhepunkt des neuen Pomps bildeten Sofas und Stühle, die mit ihrem Schnitzwerk, ihren Vergoldungen und den plastisch wuchernden Formen ihrer Auspolsterungen majestätischen Thronen glichen und erst etwas galten, wenn sie von florreichen Plüschstoffen überzogen waren. Nicht zu Unrecht hat man diese neue pompöse Aufmachung in Dänemark den ,,Klunkerstil" oder anderswo den ,,Troddel-" oder ,,Plüschstil" genannt. Die Salons der Reichen wurden zu Mottennestern und Staubfängern von ,,Plüsch und Plunder".

In dieser Zeit kam auch die ,,gute Stube" auf, die dem Kleinbürger zur Befriedigung seines neuen Sozialprestiges zu dienen hatte. Die aufgebahrte kalte Pracht dieser Reservate der Geltungssucht, die für gewöhnlich mit Schonbezügen verhängt wurde, harrte auf ihre Auferstehung ausschließlich zu festlichen Anlässen. Für Kinder und Hunde war das Betreten dieser konservierten Möbelmagazine, das Berühren der zu Schnitzaltären entarteten Vertikos und das Sitzen auf den

Meisterwerken der Polster- und Posamentierkunst streng verboten.

Auch das Idol jener Epoche, König Ludwig II., der als junger Monarch mit dem melancholischen Ausdruck seiner weichen Plüschaugen alle Bayern nachhaltig fasziniert hat, baute zwecklose, abgelegene Schlösser, die er, wie Herrenchiemsee, nie bewohnte. Die hochgestochenen Träume dieser pompösen Zeit verlangten nach entrückten Stätten des unantastbaren Scheins.

Das stilistische Durcheinander von Herrenzimmer in Renaissancenachahmung, von Eßzimmer in Neugotik, Damenboudoir in Zweitem Rokoko, Rauchsalon im Trophäenkabinett usw. war ein Dokument der Unsicherheit und Ratlosigkeit. Der von Reminiszenzen lebende Historismus, der mehr auf Effekt und Maskerade als auf Qualität und Echtheit hielt, sollte den Willen einer aufstrebenden Klasse ehrgeizig demonstrieren, mit der bisher herrschenden gleichgesetzt zu werden. Plüsch aber wurde zum non plus ultra als Ausdrucksmittel des neuen Lebensgefühls. Aus Plüsch waren nicht nur alle Polsterungen. Plüsch verwendete man auch für die üppig gerafften Vorhänge und Portieren, die das ,,traute Heim" nicht nur gegen die zudringliche Außenwelt, sondern auch gegen die frische Luft und den Sonnenschein zu schützen hatten.

Selbst die Eisenbahn hat diesen gehobenen Status, den Plüsch verlieh, zu achten gewußt. Wer viel Geld hatte oder eine hohe Charge repräsentierte, thronte künftig streng abgeschlossen und mit bedeutungsvoller Miene auf dem purpurroten Plüsch der ersten Wagenklasse, um seine allerwerteste und schwergewichtige Honoratiorenfigur in die druckelastischen Florgewebe zu entbürden. Dem Mensch der zweiten Klasse blieb ebenfalls Plüsch, wenn auch abgewertet nur noch in grün und auf engeren Sitzen, vorbehalten, während der Fahrgast der dritten und vierten Klasse auf nackten Holzbänken seine Zugehörigkeit zu den unteren Volksschichten auf den damals noch holprigen Schienenwegen recht hart eingebleut bekam. Plüsch war zum Statussymbol der gehobenen Klasse emporgestiegen.

Mit Makart hat die pompöse Zeit zu Ende des 19. Jahrhunderts ihren absoluten Höhepunkt erreicht. Die neue Kunst-Industrie mit ihren neuen Stoffen, bahnbrechenden Erzeugnissen und historisierenden Attrappen lief auf Hochtouren. Sie produzierte ein sentimentales Raffinement der überzüchteten Delikatesse und des skurrilen Dekors. Die Vorliebe für das Satinierte, das Weiche und das Füllige eröffnete dem Plüsch, der alle diese Eigenschaften erfüllt, immer größere Möglichkeiten.

Das waren Zeiten für die Stammbacher Schoepf, bei denen nun die zwei glänzend sich verstehenden Schwäger Ottmar Müller und Robert Schoepf auf Erdmann Schoepf nachgefolgt waren. In unermüdlicher Unternehmerfreudigkeit setzten sie Erfolg auf Erfolg. Der Siegeszug des Plüsch fiel bei diesen Spitzenreitern der Plüschweberei auf wohlvorbereiteten Boden und trug seine Früchte.

Neun Jahre nach der Umstellung auf mechanische Webstühle und Auszeichnung durch eine zweite Silbermedaille wurde 1897 ein moderner Shedbau samt Maschinenraum und Dampfkesselanlage errichtet und damit der Ausstoß der Möbelplüsche erheblich erweitert. Eine Appreturanlage wurde angegliedert und Arbeitskräfte neu eingestellt. Die Firma Schoepf wurde führend in ihrer Branche.

Antiplüschkampagne durch Wandervogel und Jugendstil

Um den Jahrhundertwechsel folgte eine Wende. Aus den Kreisen der Künstler, Architekten und der sich im „Wandervogel" organisierenden deutschen Jugend kam eine energische Kampfansage gegen den Historismus mit der Verstaubtheit seiner Attrappen. Die Speerspitze richtete sich auf die „Damasttapete" und den „Makartplüsch", die man zu Zielscheiben des Zornes erkürte. Die deutschen Wandervögel schwärmten hinaus in die freie Natur. Sie zogen beim Biwakieren den sticheligen Plüsch der frischgemähten Wiesen- und Felderstoppeln dem Sitzen auf Polstersesseln hinter muffigen Vorhangverdunkelungen vor und fühlten sich dabei so wohl wie vergleichsweise der indische Yogi auf seinem Nagelbrett.

Der Name der Bewegung „Jugendstil" geht auf die in München erschienene Zeitschrift „Jugend" zurück, deren Hefte erstmals 1896 erschienen und durch ihre typographische Gestaltung und ihren linear geschwungenen, schattenlosen Rankenstil in Titelblatt, Randleisten und Illustrationen großes Aufsehen erregten. Diese neue Richtung war verbunden mit einer Rückbesinnung auf den Wert der handwerklichen Leistung und die damit verbundene Materialgerechtigkeit, die in der industriellen Massenproduktion immer mehr verloren gegangen war. In Ablehnung alles Bisherigen wandte man sich vorrangig den Pflanzenformen zu, deren schwingende und tropfende Linienführung der Funktion der Gegenstände mehr entsprechen sollte.

Der Ruf „Zurück zur Natur", wie er schon einmal vor rund 100 Jahren in der Dekadenz des höfischen

Lebens von Jean Jacques Rousseau erhoben worden war, konnte aber den ständigen Aufstieg der Stammbacher Plüschfabrik nicht aufhalten. Im Jahr 1903 konnte die Firma Schoepf die Patenturkunde Nr. 161117 für einen Polkettenregulator am Doppelplüschwebstuhl stolz für sich verbuchen. Ihre Unternehmerlust war immer mit Erfindergeist gepaart. 1904 und 1908 wurden weitere Hoch- und Erweiterungsbauten errichtet. Nur der Kundenstamm wechselte ein wenig nach den neuen Wünschen und Geschmäckern.

Mit der zunehmenden Bedeutung der Eisenbahn waren auch die Aufträge für Eisenbahnplüsch erheblich gestiegen. Den soliden Eisenbahnvätern lag es fern, die Coupés mit Lianenmustern auf glattgewebten Stoffen auszustatten. Der Plüschbezug hatte sich nicht nur als strapazierfähig, sondern auch als abwehrkräftig gegen Flecken erwiesen. Dies war bei den langen Fahrzeiten und dem anfänglichen Fehlen von Speisewagen nicht zu unterschätzen, denn gerade die feinen Fahrgäste der ersten und zweiten Klasse liebten es, üppigen Reiseproviant aus ihren Taschen auszupacken, deren Inhalt bei dem ruckartigen Anfahren und Bremsen sich nur allzu leicht den Polsterungen mitteilte. Hier verhielten sich die dichten Haarböden der knickfesten Flore wie einstmals die Landsknechte Frundsbergs gegen die anstürmenden Ritterheere.

Dieses Fußvolk stellte dichtgereiht dem Feind eine undurchdringliche Phalanx von 6 Meter langen Lanzen entgegen, die den Feind vom Leib hielt und ihn aufspießte, bevor er in die eigenen Reihen eindringen konnte. So wurde auch den Butterbroten und Schinken der haute volée von den Plüschen wirksamer Einhalt geboten.

Im übrigen stellte man sich in Stammbach auf den Export um, der bald 60 Prozent der Fabrikation ausmachte. 90 Prozent hiervon gingen in das englische Commonwealth, das vom Jugendstil noch unberührt im Stil der großen victorianischen Zeit konservativ weiter verharrte.

Darüber hinaus tat sich eine neue breitgelagerte Abnehmerschaft auf. Man entdeckte neben der bisher belieferten Geldaristokratie die klassenlose Volksgemeinschaft der Schlappen- und Pantoffelträger, für deren häusliches Behaglichkeitsbedürfnis man nun köstlich wärmende Plüschfutterstoffe an die verarbeitenden Schuhfabriken lieferte.

Zwischen Kriegen und Krisen

Erst als 1914 die Lichter in Europa ausgingen und ein Weltkrieg ausbrach, wurde der mit friedlichen Mitteln geführten Konkurrenz der Nationen ein jähes Ende gesetzt. Aus war es nun mit Weltausstellungen, Goldmedaillen und feinem Plüsch. Jetzt kämpften Schlachtschiffgiganten um die Beherrschung der Weltmeere und Millionen Soldaten aller Länder um jeden Quadratmeter Boden in tristen Schützengräben und Bunkern.

Mit einer auf alte Männer, Frauen und Mädchen zusammengeschrumpften Mannschaft stellte man sich auch in Stammbach auf die neuen Notwendigkeiten um. Dank der Wendigkeit und Zähigkeit, die den deutschen Unternehmer und besonders den Oberfranken auszeichnet, produzierte man bei dem Mangel an Rohstoffen aus mühsam herbeigebrachter Ersatzware Decken, Feldpostsäcke, Brotbeutel, Zeltbahnen und was der Krieg alles anstelle edler Mohairplüsche für seine Soldaten anforderte. Die hergestellten Skisteigfellplüsche und Oberstoffe für Arbeitsschuhe malträtierten dabei noch am wenigsten die umgestellten, hochwertigen Maschinen.

Auch nach dem Ersten Weltkrieg dauerte es, vermehrt durch die allgemeine Verarmung und den Rohstoffmangel, noch bis zur Überwindung der Inflation, bis die leidigen Papiergarne verschwanden und man sich wieder auf den guten Plüsch und eine anspruchsvollere Kundschaft zurückbesinnen konnte. Um sich der verminderten Kaufkraft und dem Zeitgeschmack besser anzupassen, verlegte man sich bei der Herstellung von Möbelstoffen auch auf Woll- und Baumwollripse, die vor allem mit dem kilometerweise hergestellten Muster mit der Bezeichnung „41/9" geradezu zu einem Verkaufsschlager wurden. Es genügte, diese Geheimchiffre mit der benötigten Meterzahl und Adresse nach Stammbach durchzugeben, und man war sich schon lachend einig, wie wenn es sich um das weltbekannte 4711 aus Köln gehandelt haben würde. Die Firma Schoepf hatte sich ihre Bedeutung und Beliebtheit auf dem Markt zurückgewonnen.

Erst in der Zeit zwischen 1929 und 1935, also zwischen Weltwirtschaftskrise und Beginn des Dritten Reiches, wurden die Verhältnisse schwieriger. Das Inlandsgeschäft in Plüschen ging nur schleppend, der Export aber sank zur Bedeutungslosigkeit herab. In diesen Jahren trafen zu allem Unglück die Leitung der Firma Schoepf durch Tod des Mitinhabers Robert Müller und Ausscheiden der Mitinhaber Ottmar Müller und Robert Schoepf jr. existenzgefährdende Schläge. Erst als 1936 nach Auseinandersetzungen, Abfindungen und Kapitalabzug die Firma Schoepf auf die Alleininhaberin Frau Bertha Müller, die Witwe von Robert Müller, übertragen wurde, nahm der Betrieb wieder einen raschen Aufschwung.

Man straffte das zu breit gelagerte Produktionsprogramm, legte die Spinnerei still und gab die Herstellung von Decken und Kamelhaarstoffen auf. Man besann sich quasi auf sich selbst und war nun wieder wie in goldenen Vorkriegsjahren dabei, zur früheren Bedeutung aufzusteigen. Da kam schon der Zweite Weltkrieg. Er wiederholte die große Misere des Ersten. Es erübrigt sich, sein schlechtes Garn hier noch einmal abzuspinnen. Die letzten Kriegs- und ersten Nachkriegsjahre führten einen nahezu völligen Stillstand des Betriebes herbei.

Aus Plüschwebern werden Kürschnermeister

Nach dem verlorenen Zweiten Weltkrieg trat erst nach drei Notjahren mit der Währungsreform eine Erholung der zu Boden liegenden Wirtschaft ein. Mit der Stabilisierung der politischen Verhältnisse konnte dank des von der sozialen Marktwirtschaft in Gang gebrachten unternehmerischen Elans der Wiederaufbau beginnen. Er vollzog sich in kräftigen Aufwärtswellen.

Nach der sogenannten Freßwelle, in der die ausgehungerte und durch einen Millionenstrom von Flüchtlingen angewachsene Bevölkerung mit den lebensnotwendigen Nahrungsmitteln versorgt werden mußte, kam die Kleidungswelle. Dem Wohnungsbau in den zerstörten Städten folgte die Möbelwelle usw. usw., bis hin zum heutigen Boom in Farbfernsehern, Zweitwagen und Zweitwohnungen.

Die schwer darniederliegende Stammbacher Plüsch- und Möbelstoffweberei schaltete sich rührig und geschickt zunächst in die Kleiderwelle ein. Der Start war nicht leicht. Man mußte sich erst der veränderten Situation anpassen. Durch die unglückliche Abtrennung Mittel- und Ostdeutschlands war aus der ehemals zentralen Lage des Stammbacher Werkes mitten in Deutschland eine extreme Randlage geworden. Ein Großteil der bisherigen Geschäftspartner und Kunden lebte in den abgetrennten Gebieten.

Da Kleidung zunächst noch notwendiger gebraucht wurde als Möbelstoffe, produzierte man vorwiegend Schuh- und Jackenplüsche. Was hier im Plüschwebverfahren an Pelzähnlichkeit gezaubert wurde, gäbe alle Veranlassung, den Stammbacher Webern die Ehre von Kürschnermeistern zuzuerkennen. Auch die Spielwaren-Industrie wurde von dem gefälligen Material angesprochen. Sie stellte aus den wuscheligen, molligen, kurz- und langhaarigen Plüschen eine liebenswürdige Tierschar von Teddybären, Häschen, Katzen, Tigermaskottchen hinter Wagenfenstern und vieles mehr her. Man wunderte sich, daß die Felle beim Entgegenstreichen nicht elektrisch knisterten. Selbst die Hunde wurden irre und apportierten und zerrissen jagdbesessen die lammfellartigen Bettvorleger oder Struwwelfrisuren der Kissen. Dem exklusiven Plüsch der Gründerjahre schien keine Dimension mehr unerreichbar. Er schmiegte sich zu Schnuffis und Putzis verarbeitet in die Umarmungen der Kinder, machte sich zum Beherrscher der zottigen Hirtenmode langsträhniger Beatles oder wirkte giftlila auftoupiert als mollige Auflage auf staksigen Metallbeinstühlen vor Theken, selbst ein wenig sündhaft und verworfen wie eine späte Bardame.

Neben diesen innerbetrieblichen Verbesserungen und Erweiterungen gab in den sechziger Jahren eine Woge von außen kommend, dem Stammbacher Werk einen kräftigen Auftrieb. Die synthetischen Fasern traten als Webmaterial neben die Wolle und Baumwolle. Die mit dem neuen Material ganz oder gemischt hergestellten Plüsche und Möbelstoffe erfüllten durch ihre hervorragenden Gebrauchseigenschaften, der Haltbarkeit, Knitter-, Wasch-, Scheuerfestigkeit u.v.m., alle Arten von Kundenwünschen. Gepaart mit einer wesentlichen Verbilligung wurde ein Einbruch in weite Verbraucherkreise erreicht.

Jetzt erst begann die große Welle des ,,Velour", wie der verketzerte Plüsch nun vielfach von konsumbewußten Werbemanagern umbenannt wurde. Der gute alte Plüsch sollte von seinem unterschobenen Halbbruder, dem Plunder, aus der fatalen Alliteration und längst überholten Wortverbindung befreit werden. ,,Doch was tut ein Name schon zur Sache?" fragte einmal Shakespeare. ,,Was uns Rose heißt, wie es auch hieße, würde lieblich duften." Wichtiger als ein Name ist die Qualität einer Ware, das wußten die Stammbacher gut genug und hielten selbstbewußt an ihrer Bezeichnung als ,,Plüsch- und Möbelstoffweberei" fest.

Plüsch oder Velour hat heute nichts mehr mit Pomp und Protzen zu tun. Jedes Kind, jeder Schüler, jeder Arbeiter oder Angestellte fährt in der Bahn, im Auto, im Bus, sitzt im Büro, im Urlaubsflugzeug und daheim auf dem bequemen Flor der Veloure. Unsere ganze nivellierte Wohlstandsgesellschaft lebt mit der Polsterung in Plüsch.

In gleichgeschalteter Eintracht mit unserem Fernseher hat der Polsterstuhl selbst unsere Daseinsgewohnheiten geändert. Es leeren sich nicht nur immer mehr die Kinos und Lokale, sondern auch unsere Straßen, wenn gar ein Fußballspiel in Europacupklasse im Fernsehen übertragen wird. Ein Millionenvolk wetzt und rutscht dann aufgeregt auf Veloursesseln vor den Übertragungsschirmen. Ein Tor des Fußball-Lieblings hilft nach, daß auch die Nachfrage trotz hoher Haltbarkeit der Florgewebe bei diesem frenetischen und millionenfachen Reibungskoeffizienten erhalten bleibt.

5 Millionen qm Velour, das sind 5000 km Ware in Meterbreite. Man könnte damit jährlich entlang der Straße von Stammbach bis zum Persischen Golf eine meterbreite, ununterbrochene Brücke zum großen Empfang eines der vielumworbenen Ölscheichs auslegen, aus deren Rohöl letztlich die Kunstfaser gewonnen und die maschinelle Verarbeitung mit der die 1961 in Stammbach auf Schweröl umgestellte Kesselanlage betrieben wird. Das neueste Märchen aus Tausendundeiner Nacht – flüssiges Gold aus Kuweit gegen Stammbacher Romanzen aus Flor – hätte damit unser Industriezeitalter dazugeschrieben.

Die segensreiche Entwicklung verträgt keine bombastischen Schlußworte. Der Dank an alle Beteiligten sei in die Worte beschlossen, daß nur das Werk den Meister lobt.

175. GEBURTSTAG DER WIENER FRANKFURTER WÜRSTEL

Es entwischt eher ein Mäuslein der Katze als ein Jubiläumsanlaß dem Zugriff der festfreudigen Franken.

1979 zur 150-Jahr-Feier der Fränkischen Schweiz haben unsere Jubiläumshäscher das 1829 erschienene Büchlein des Josef Heller über das Muggendorfer Gebirge aus der Versenkung gezogen, weil der Name ,,Fränkische Schweiz" darin zum erstenmal in Druckbuchstaben als Untertitel wiedergegeben war.

1980 sind die Wiener ,,Frankfurter Würstel" an der Reihe – (die in Wien ,,Frankfurter" und in Frankfurt ,,Wiener" heißen) – und quasi in den Jubiläumsfleischwolf geraten, denn die schmackhaften Knacker wurden vor 175 Jahren von einem Gasseldorfer namens Johann Georg Lahner erfunden.

Nach der jüngsten Gebietsreform zählt unser Gasseldorfer Lahner zu den Ebermannstädtern. Da dem längst Verblichenen für seine wohlschmeckende Erfindung ein Denkmal gebührt, steht hoffentlich bald ein weiteres Fest auf dem Programm. Ich könnte mir vorstellen, daß als Wiener-Würstel-Denkmal ein pausbackiges Schulmädchen mit einem Pappteller in der einen und einem zum Mund geführten Würstchen in der andern Hand, aufgestellt auf dem Marktplatz in Ebermannstadt, sehr attraktiv die Sehenswürdigkeiten des ehrgeizigen Touristenstädtchens und die Einkehrlust seiner Besucher vermehren würde.

So mysteriös Ebermannstadt auf die 650-Jahr-Feier seines Bestehens nach acht Jahren die Tausendjahrfeier folgen läßt, so bizarr ist ein Jubiläum, das die glückliche Niederkunft eines babyhaut-flaumigen Würstchens feiert. Zwar sind 175 Jahre keine besonders funktionable Zahl zum Zurückdatieren. Doch mit Hilfe eines Taschenrechners kommt man unschwer dabei auf anno 1805.

Für den strapazierten Jubiläumsredner und Nothelfer bei Festanlässen legt sich zunächst die historische Frage nahe, was die Sternenkonstellation des Jahres 1805 außer der Erfindung der Wiener Würsteln an weltbewegenden Ereignissen noch zu bieten hat.

Wahrhaftig, 1805 ging es nicht nur um kleine Würstchen. Es ging, wie man in jedem Geschichtsbuch nachlesen kann, um die große Wurst in Europa: In der Dreikaiserschlacht bei Austerlitz fiel 1805 die Entscheidung. Napoleon schlug vernichtend die seinem Vordringen sich entgegenstellenden vereinigten Armeen der Russen und der Österreicher, Europa lag dem Gewaltherrscher nun zu Füßen.

Doch die Wiener in ihrer anmutigen Wurschtigkeit des „Alles ist hin", die sie von ihrem Lieben Augustin geerbt haben, ließen den Emporkömmling Bonaparte als neuen Schloßherrn in Schönbrunn einen guten Mann sein. Sie interessierten sich weit mehr für die Welteroberung des Würstel-Napoleon Lahner, der mit seinen Wienerles im besten Zug war, zum Beherrscher aller Gaumen urbis et orbis aufzusteigen.

Das Hauptgesprächsthema, so berichtet ein Chronist 1805, sei bei den Wienern nicht der Text der auferlegten Friedensverträge, sondern das Rezept der Lahner'schen Würsteln gewesen. Die leicht rot angehauchten Revoluzzer aus den dampfenden Wurstkesseln, die um wenige Kreuzer für jedermann erschwingbar waren, besetzten dank der beweglichen Verkaufsstrategie ihres Erfinders bald alle wichtigeren Ausfallstraßen und Plätze Wiens. Sie drangen ungestüm selbst in die vornehmsten Adelspaläste ein, wo sie die Fürstin Pauline von Metternich hoffähig machte. Sie führte der Hofgesellschaft vor, wie man die neuen Lahner'schen Würsteln essen müsse, nämlich – so anstößig es anfänglich wirkte – mit der Hand. Doch wäre die Annahme ein Irrtum, daß die verschwenderische Vergabe von Handküssen in Österreich davon ausgegangen wäre.

Die Wiener Fiaker, die als Feinschmecker bekannt sind, hatten bei dem Verzehr von Anfang an keine Schwierigkeiten. Sie halfen kräftig zur Verbreitung in allen Schichten der Bevölkerung mit. Nichts aber konnte Kaiser Franz II. populärer und die Würstchen beliebter machen, als die Tatsache, daß Seine Kaiserliche Majestät zum zweiten Frühstück täglich die gleichen Lahnerschen Frankfurter von dem der Hofburg nahegelegenen Michaeler Bierhaus zusammen mit einem Glas Bier frisch vom Faß bezog wie die Straßenkehrer der Innenstadt.

Lahners Wiener Frankfurter stellten damit wirksamer als alle damaligen Reden der Weltverbesserer und Ideologen die Gleichheit aller Klassen, Rassen und der k. u. k. Völkervielheit her. Diese bahnbrechende Tat der Menschenverbrüderung auf preiswerter und köstlicher Würstelbasis sollte auf dem künftigen Ebermannstädter Würsteldenkmal symbolisch zum Ausdruck gebracht werden. Man müßte als Sockel einen Globus wählen, der mit einem Kranz eherner Wienerles umschlungen ist. Auch der Namenszug des großen Erfinders könnte in Würstchenketten nachgeschrieben und in Abguß verewigt werden.

Neben der Welteroberung Napoleons auf dem Gebiet der Macht und neben der Welteroberung Lahners im kulinarischen Bereich bietet das Jahr 1805 aber auch eine Welterschütterung auf geistiger Ebene. 1805 ist das Jahr, in dem der Dichterfürst Schiller das Zeitliche gesegnet und einen der vordersten Plätze in der Walhalla bei Regensburg erobert hat.

Man muß allerdings Zweifel haben, ob unsterblicher Nachruhm allein mit Denkmälern aus Bronze und Stein erhalten werden kann. Als letzthin ein Berliner am Schillerplatz in München den Trambahnschaffner fragte: „Nu sajen Sie mal, Herr Verkehrsdirektor, wat haben Sie denn da für einen Männecken uff dem Denkmalssockel stehen?" – erhielt er die brummige Antwort: „Dös wird oaner von unsern Ludwig sein, wir hoassn's halt das Schillerdenkmal."

Hätte er den gleichen Schaffner nach dem nächsten Wiener-Würstel-Verkauf gefragt, hätte er gewiß eine freundlichere und zutreffende Antwort bekommen.

Mit Schiller haben wir in der Fränkischen Schweiz Malheur gehabt. Während zu Schillers Lebzeiten die ganze Elite der deutschen Romantiker voller Entdeckerfreude in unsere Täler gereist kam und das Muggendorfer Gebirge als die deutscheste aller Landschaften hochjubelte, verschloß sich der stets kränkelnde Schiller in seine Dachkammer in Jena und schrieb beim Duft faulender Äpfel tief in die Nacht hinein an seinen Werken.

Wäre Schiller wie die fußwandernden Poeten mit einer deftigen fränkischen Brotzeit im Ränzel – ich wage nicht auszudenken – mit dem ersten Paar Lahnerscher Würsteln im Magen auf Schustersrappen hier durchgekommen, hätte er seinen Wilhelm Tell gewiß nicht in die ferne helvetische, sondern in die viel näherliegende fränkische Schweiz verlegt.

Die dem Dichter zustehende Freiheit hätte Schiller ohne weiteres erlaubt, das Attentat auf den Landvogt Gessler und „die hohle Gasse, durch die er kommen muß", statt nach Küßnacht in das Püttlachtal zu verlegen. Stellen Sie sich vor, was eine wortgewaltige Dramatisierung eines Tyrannenmordes in unseren Schlupfwinkeln, Höhlen, Schluchten und Klüften für den Fremdenverkehr bedeutet und an Übernachtungsziffern eingebracht hätte.

Endlich hätte auch das noch inventarlose Fränkische-Schweiz-Museum in Tüchersfeld effektvoll mit einer Sammlung von Tell-Armbrüsten und Pfeilen ausstaffiert werden können. In jedem Erlebnispaß unserer Touristenzentrale hätte man den kostenlosen Abschuß eines Apfels auf einem Tell-Pappknaben offerieren können. Endlich hätten unsere Bauern einen Absatz für ihre wurmstichigen Äpfel gefunden.

Nach diesen Ausschweifungen über die jubiläumsgleichen Ereignisse des Jahres 1805 wird es Zeit, dem eigentlichen Thema des Festes näherzutreten, nämlich dem Geburtstag der Wiener Frankfurter Würsteln, die trotz 175 Jahren auf ihrem leicht gekrümmten Buckel noch spanferkelzart geblieben sind.

Damit komme ich zu dem heiklen Punkt meiner mangelnden Kompetenz. Gemessen an meinen Kenntnissen über Wurstherstellung und Fleischhauerei bin ich selbst ein sogenanntes Würstchen, ein blutiger Laie.

Vom Metzgerberuf her gesehen, möchte ich mich allerdings lieber als einen unblutigen Laien bezeichnen.

Versetzen wir uns zurück in das hinter Holperstraßen verträumt liegende Gasseldorf des Jahres 1772, in dem unser Hansgörchla am 12. August im Haus Nummer 49 geboren worden ist.

Die Eltern Lahner waren kleine Jurabauern. Wer die Plagerei auf den steilen und steinigen Böden dieses Karstgebirges kennt, weiß, was das an schwerem Schuften vom Hahnenschrei bis zum Abendglöckchenläuten und an bescheidenstem Hausen in engster Wohngemeinschaft mit Kühen, Schweinen, Schafen, Gänsen und Hühnern bedeutete. Den Frauen beugte das schwere Huckelkörbetragen und viele Bücken frühzeitig den Rücken, sie trugen geduldig ihr ,,Älend und ihre krumma Ban" und waren noch in keiner Krankenkasse.

Die Männer aber forderte die ständige Geldnot und die Kargheit der Böden zur Findigkeit und zum Einsatz aller Kräfte heraus. In ihrer hainbüchernen, zähen Art glichen sie ein wenig dem knorzigen Wuchs der Wildkirschenbäume und Buchen, die auf den ausgehagerten Steinknöcken sich nicht unterkriegen lassen. Der Jurabauer weiß, was er will und wer er ist. Er findet sich schnell überall zurecht und weiß sich immer zu helfen. Genau von dieser gehärteten, wachen, grundehrlichen und kreuzbraven Art war unser Hansgörch.

Da Brot und Acker der Lahner für nicht mehr als einen Nachfolger ausreichten, zwang es die Eltern Lahner, ihren ältesten Sohn mit seinem hellen Kopf und seinen zugreifenden Händen in die Lehre ,,daun der Welt" zu schicken. Die Möglichkeit der Unterbringung nah war klein, aber das Deutsche Reich damals groß. So schickte man ihn nach Frankfurt, wenn es auch manchen mühsam ersparten Taler mehr gekostet haben mag.

Wohl mit Tränen wird unser herangewachsenes Hansgörchla Abschied von seinem geliebten Heimatdörfle Gasseldorf genommen haben, das sich so vertrauensvoll an den Steilhang des gewaltigen – hie und da mit Erdrutschen auch gewalttätigen – Hummerstein schmiegt. Aber so eine bevorzugte Lage bei dem Zusammenfinden zweier wunderschöner Täler und munteren Forellenwässer gibt man halt nicht so schnell auf. Man muß mit eigenen Augen gesehen haben, wie das geschützte Dörfchen einmal im Jahr in Blütenblättern, ein andermal in einem Segen von herabfallenden Äpfeln, Birnen und Zwetschgen ertrinkt und wie darüber die Buchenwälder im Frühjahr hellgrün und im Herbst golden zwischen den kreideweißen Felsabstürzen leuchten!

Doch werden in Frankfurt dem Hansgörch, der nun als Lehrling in eine Metzgerei eingetreten war, seine Anspruchslosigkeit, seine Zähigkeit und sein Fleiß gut vorangeholfen haben. Der Hüterbub in von Dornen zerissenen Kleiderfetzen wird sich in den Lehrjahren zu einem vorzeigbaren und umgänglichen Reichsstädter gemausert haben, daß die Gasseldorfer ihn nicht wiedererkannt hätten.

Auf den erfolgreichen Abschluß der Lehre folgte ein Jahr der Wanderschaft von Ort zu Ort und von Meister zu Meister. In seinem aufgeschlossenen Sinn verlangte es den zum Gesellen geschlagenen Lahner, die Metropole des Reiches aufzusuchen. In Wien, wo alle Fäden des Kaiserreiches zusammenliefen, mußte der richtige Ort sein, um Karriere zu machen.

So ließ sich Lahner 1798 auf einem Donauschiff nach Wien als Ruderknecht anheuern. Aber erst auf Umwegen über einen Handlanger-Posten beim kaiserlichen

Münzamt fand er als Aufhackknecht bei einem Fleischhauer wieder zurück in seinen erlernten Beruf.

In dieser Zeit muß er mit seinem freundlichen und geraden Wesen das Vertrauen einer wohlhabenden adeligen Dame gewonnen haben. Sie soll ihm ein Darlehen von 300 Gulden in Münze nur auf sein ehrliches Gesicht hin gewährt haben. Mit diesem und geringen eigenen Ersparnissen errichtete der inzwischen 32jährige in der Neustiftgasse in Wien eine kleine Selcherei, wie man dort die Wurstereien nannte. Dort stellte der inzwischen zum Meister ernannte Lahner das erste Paar „Wiener Frankfurter" her, wie er seine Würstchen in dankbarer Erinnerung an die Lehrzeit in Frankfurt nannte.

Sie hatten nichts mit den echten Frankfurter Würstchen zu tun, die in ganz anderer Zusammensetzung auf dem Rost gebraten werden. Das Merkwürdige ist, daß die Lahner'schen Würstchen in Wien und Umgebung immer noch die „Frankfurter" genannt werden, während sie sonst und fast überall in der Welt den eigentlich viel richtigeren Namen „Wiener Würsteln" führen.

Die Wiener, die bis dahin von guten Wurstwaren noch nicht verwöhnt waren, waren von dieser völlig neuen, flaumigen und leicht bekömmlichen Wurstart hell begeistert. Die Würsteln führten sich als Gabelfrühstück schnell in allen Gaststätten, Straußwirtschaften, auf Bahnhöfen und in Schulen ein. Sie fehlten nicht in der Küche der Wiener und Budapester Hofburg und wurden frisch zu den Kaiserjagden nach Gödöllö angeliefert.

Die feinschmeckerischen Wiener nannten sie scherzhaft den „Champagner" unter den Würsteln. Als sich damals gerade der Wiener Walzerkönig Lanner mit seinen Melodien in alle Herzen geigte, hatten die Wiener schnell das Scherzwort zur Hand, den Erfinder der Frankfurter den „Lahner für den Magen", jenen aber den „Lanner für das Herz" zu nennen.

Selbst große Männer aßen in ihren festen Stammlokalen gerne Lahnersche Frankfurter, so zum Beispiel, um nur wenige zu nennen: Grillparzer in seinem Gasthaus Reisleitner, Franz Schubert im Goldenen Elefanten, Strauß und Nestroy in der Leopoldstadt. Der Siegeszug Lahners machte aber nicht in der k. u. k. Monarchie halt. Er erfaßte bald alle Länder Europas. In den Händen der Familie sammelten sich Belobigungsdekrete von Mailand bis Amsterdam und von Budapest bis Madrid.

Der „Seeteufel" und Weltumsegler Graf Luckner erzählt später von Empfängen in Übersee, wo er sich neben exotischen Spezialitäten ein Paar „Wienerl" immer besonders habe wohlschmecken lassen.

Die Lahnerschen Würsteln sind nicht so leicht herzustellen, das muß zur Ehre ihres Erfinders herausgestellt werden. Was da alles an Sehnen vom Fleisch weggeschnipselt, mit Holzschlegeln weichgeklopft, mit Wiegemessern feingeschnitten, an Zutaten und Fleischarten von Jungbullen und Schweinen zusammengemischt werden und im Holztrog nach erprobtem Rezept ziehen muß, um den richtigen Wurstbrät herzustellen, das grenzt schon fast an Hexenmeisterkünste. Und wie dann mit der großen Handspritze die ganze Wurstmasse in die auf das Aufsatzrohr angesteckten Schafsaitlinge eingedrückt wird, daß daraus lange Würste quellen, wie die Würstchen zu Paaren abgedreht, geselcht und gekocht werden, da muß schon einer was verstanden haben.

Zum Glück hat der Wiener Sittenschilderer Friedrich Schlögl in seinem Werke mit dem Titel „Wienerisches" unseren Lahner der Vergessenheit entrissen. Wörtlich ist daraus zu entnehmen:

„Ich schreibe keine Reklamen, sondern will nur eines Namens gedenken, der einer verschollenen Firma angehört, die ehemals die Zierde des Selcherei-Metiers war und in ihren Erzeugnissen den Ruhm Wiens weit über die Gemarken des Reiches trug. Ich meine den größten Wurstkünstler jener Zeit, den braven und biederen Johann Lahner an der Ecke der Altlerchenfelder Hauptstraße im Haus Nummer 56, zu ‚Mariahilf' genannt, der in der Tat delikate Würstchen fabrizierte und dessen Name in Wien so populär war, wie etwa Goethes Name in Weimar (!). Alles begehrte ‚Lahnersche Würste'."

Johann Georg Lahner, der 1808 eine Wienerin geheiratet hat, mehrte mit Umsicht und Fleiß seinen Besitz. Die fünf Kinder aus dieser Ehe halfen bald dazu, daß das Geschäft mit vielen Filialen einen immer größeren Aufschwung nahm und schließlich zu einer Fleischfabrik erweitert und modernisiert wurde.

1842, drei Jahre vor seinem Tod, erhielt der Gasseldorfer die Bürgerrechte der Kaiserstadt verliehen, eine Ehre, die sonst einem Zugezogenen nicht zuteil wurde.

Die Wiener Würstelfabrikation der Familie Lahner hat sich noch bis zum Tode des letzten Nachkommens, des Kommerzienrates und Fleischwarenfabrikanten Leopold Lahner im Jahr 1958 erhalten. 1967 ging schließlich das Geschäft in der Kaiserstraße 99 an eine branchenfremde Firma über.

Fünf Generationen Lahner haben so den Durchbruch zur neuzeitlichen Fleischverarbeitung in Wien weitgehend mitbestimmt und zum Ruhm der Wiener Fleischwarenfertigung beigetragen.

Wenn wir rückblickend noch einmal an uns vorbeiziehen lassen, mit wem alles die Erfindung der Wienerles uns bekanntgemacht hat, von Napoleon angefangen zu Walzerkönigen, Weltumseglern, Dichterfürsten, Heilige Römische Reich-Kaisern bis herunter zu Fiakerkutschern und Straßenkehrern, und wenn wir dabei konstatieren, daß die „Wienerln" oder „Frankfurter" nicht nur weiterhin in aller Mund kursieren, sondern auch unvermindert in allen Mündern schmecken, so kommen wir am Schluß nicht ganz an einem Bedauern vorbei:

Hätte doch unser Hansgörchla seine Würstchen die „Gasseldorfer" oder die „Ebermannstädter" getauft! Unsere Fränkische Schweiz würde international noch berühmter und noch beliebter dastehen.

KRONACH
DER ECKPFEILER
DES FÜRSTBISTUMS BAMBERG

Der erste Eindruck von Kronach bezaubert:

Wieder eine so malerisch gelegene fränkische Stadt, von mittelalterlichen Wehrmauern und Türmen umschlossen, eine schmucke Kirche bedeutsam eingefügt, ein stattlicher Marktplatz breit ausgelegt, von steilgiebeligen Bürgerhäusern in Fachwerk und Sandsteinfassaden eingerahmt, ein prächtiges Rathaus in der Mitte, eine schützende Burg über der Stadt und überall Kunstwerke zu besichtigen und Erinnerungen an die bewegte und ruhmreiche Vergangenheit aufzuspüren.

Der zweite Eindruck läßt den Atem stocken:

Vor der Veste Rosenberg angelangt, endet das Traute und Heimelige des verträumten Städtchens. Hier beginnt – mit untertänigstem Respekt zu vermerken – Ihre fortifikatorische Majestät, die Festung. Vollendeter läßt sich abweisende Unnahbarkeit architektonisch nicht ausdrücken.

Hier haben die größten Baumeister des Barock wie der gebürtige Kronacher Maximilian von Welsch, der Artillerieoberst Balthasar Neumann, die von Prag herbeigeholten Dientzenhofers, der einfallsreiche Johann Michael Küchel und andere unter so großen Barockfürsten wie den Schönborns Hand angelegt, bevor sie mit der Einkehr friedlicherer Zeiten nach dem Dreißigjährigen Krieg auf den Bau von pompösen Residenzen, Klöstern und berauschenden Kirchen umgesattelt haben. Der Festungskoloß Rosenberg trägt Maßstäbe und

Züge imperialer Größe, wie sie römischen Cäsaren, islamischen Welteroberern und spanischen Konquistadoren gut angestanden und alle Ehre gemacht hätten.

Ins Staunen geraten, wird einem von den ausgezeichneten Stadt- und Reiseführern sogleich bestätigt, daß die Veste Rosenberg der Grundfläche nach tatsächlich das ausgedehnteste und der Großartigkeit nach das bedeutendste, noch erhaltene Festungswerk Deutschlands ist. So ein Superlativ läßt sich gut nach Hause tragen. Es ist schon etwas und gibt der Reise Gewicht und Ansehen, der Welt blaueste Grotte, schiefsten Turm, eisernste Jungfrau oder größte Veste mit eigenen Augen gesehen zu haben.

Noch mehr aber fordert die Frage heraus, wer denn die stolzen Machthaber auf diesem olympischen Thron waren. Wohl haben nach grauer Überlieferung ursprünglich keltische, später slawische und zuletzt germanische Gottheiten auf dieser von der Natur begünstigten Felsenterrasse mehr geisterhaft zwischen Kultstätten und Hainen gewest als fürstlich residiert. Die, die das große Angeben in den letzten geschichtlichen Jahrhunderten für sich beanspruchten, waren die den Stellvertretern Gottes auf Erden, dem Papst und dem Kaiser, sehr nahe stehenden Fürstbischöfe von Bamberg.

Unter ihrer Eminenz und Herrschaft wurde das auf den berühmten französischen Festungsbaumeister Vauban zurückgehende System der Bastionärbefestigungen auf den Felssporn zwischen den Tälern der Haslach und Kronach stereometrisch genau übertragen. Die technischen Fortschritte des Artillerie- und Mörserbeschusses hatten ein taktisches Umdenken des Belagerungswesens und Festungsbaues gebracht. Unter größtem Einsatz wurden so lange Felsen abgetragen und bis zu 25 m hohe Mauern aufgewuchtet, bis nach unermüdlichem Karren und Meißeln und Fugen in symmetrischer Perfektion aus mächtigen Sandsteinbossenquadern ein riesenhafter Ring mit Sternenzacken um die stilvollen alten Festungsbauten im Innern hochgezogen war. Fünf dreikantig vorspringende, leicht geschrägte Bastionspfeiler, jeder mit dem Namen eines Schutzheiligen versehen, decken alle Flanken ab und schützen mit den Füllmauern, den sogenannten Kurtinen, das Innere der Burg vor direktem Beschuß. Daß hinter dem hohen Außengürtel der imposante Anblick der Giebel und Türme der Innenburg von der Stadtseite her leider dabei geschmälert worden ist, mußte freilich in Kauf genommen werden. So ähnlich haben damals spanische Granden ihre Gesichter hinter gerüschten und gefältelten Halskrausen, den sogenannten und verspöttelten „Mühlsteinen", eingerahmt und verborgen. Als besondere Anerkennung für die tapfere Abwehr aller Angriffe durften laut höchster Order sogar die Kronacher Bürgermeister und Ratsherren nach dem Dreißigjährigen Krieg das „spanische Habit" tragen. Es wird ihnen mit dem spitzen schwarzen Hut viel Stolz und Gravität verliehen haben.

Um den Eindruck totaler Abwehr und Abschirmung zu vollenden, sind selbst die Schießscharten versteckt oder „maskiert" angelegt worden. Manche konnten im Kriegsfall von innen aufgestoßen werden, um aus bereitstehenden Kanonen überraschend das Feuer auf den Feind zu eröffnen.

Wie ein Scherz, den ein Souverän bei allem ernsten Vorhaben zu machen beliebt, wurde je ein zierliches Wachtürmchen mit unvergleichlicher Eleganz auf die

Bastionsspitzen der wulstigen Mauerkronen aufgesetzt. Von diesen Pavillons, die mehr zu Schäferstündchen als zu Wachdienst dienlich zu sein scheinen, konnte der vordringende Feind oder ein sonstiger unerbetener Störenfried rechtzeitig erkannt und gemeldet werden.

Die Veste Rosenberg wurde schon lang vor dem Ausbau der Bastionen immer auf dem höchsten Stand der Verteidigung gehalten. Zusammen mit der wohlbefestigten Stadt bildete Kronach neben Forchheim den stärksten Eckpfeiler der fürstbischöflichen Macht. Dank der Tapferkeit seiner Verteidiger ist Kronach nie einem Feind erlegen. Alle wurden sie dort abgeschlagen, die rabiaten Hussiten so blutig wie die aufständischen Bauern, die streitsüchtigen markgräflichen Nachbarn so heldenhaft wie nach dreimaliger Belagerung im Dreißigjährigen Krieg die Schweden und die Evangelischen. Die Preußen im Siebenjährigen Krieg sowie die französischen Revolutionsheere unter Jourdan im Jahre 1795 haben den Sturm gar nicht erst gewagt.

So haben die Sternbastionen nie ihre Feuer- und Bewährungsprobe bestehen müssen. Nichtsdestoweniger haben sie ihre Wirkung gehabt. Selbst Napoleon hat die Veste Rosenberg in seine strategischen Berechnungen einbezogen und sie mit den neuesten Kanonen bespickt. Bei dem Fortschritt der Feuerwaffen hielt er von einer Festung nur so viel, daß sie dem Gegner zwar keinen dauerhaften Widerstand leisten, ihn aber empfindlich aufhalten könnte. Die Veste Rosenberg sollte für den Fall des Rückzuges seine bei Jena und Auerstädt gegen die Preußen aufmarschierten Armeen decken. Daß er dabei die schmucke Schieferhaube und die obersten Stockwerke des ältesten Stadtturmes vorsorglich für das freie Schußfeld seiner Kanoniere hat abtragen lassen, sei ihm heute noch übelgenommen. Das dem Stadtturm später aufgesetzte Behelfsdach will so gar nicht in den Reigen der übrigen stilvollen Türme Kronachs passen.

Wenn die Kronacher heute ihren 23 ha umschließenden Rundgang unter Baumriesen rings um die fünf Bastionen machen, um danach im Café hoch oben auf dem Plateau einer Kasematte einzukehren, möchte man Carl Spitzweg herbeirufen. Die Malerpoeten der Spätromantik haben es so gut verstanden, Trutzigkeit und Behaglichkeit, dunkle Schießscharten und helle Sonnenschirme zusammenzukomponieren.

Die Stadt Kronach kann sich glücklich preisen, zurück über die früheste Vergangenheit bis zur Gegenwart ein sechsbändiges Werk zu besitzen, das der Kronacher Buchhändler Georg Fehn liebevoll zusammengetragen hat. Neben dieser Fundgrube steht den Interessierten eine ausführliche, sachkundige Beschreibung der Denkmäler und Bauten zur Verfügung, die Tilman Breuer über Stadt und Umgebung verfaßt hat.

Zur Vermeidung von Wiederholungen im Umrühr- und Abschreibeverfahren sei deshalb Abstand genommen von der chroniktreuen Schilderung der zahlreichen glorreichen und erschreckenden Ereignisse der Vergangenheit, um nur als Beispiel das grausame Abziehen der Haut vom lebendigen Leib herauszugreifen, das fünf Kronacher Bürger 1632 bei einem Ausfall aus der Stadt von Feindeshand erlitten haben. Zum Gedächtnis daran flankieren noch heute die „geschundenen Männer" das Wappen der Stadt und stehen auf einer Mahnsäule am Melchior-Otto-Platz. So sei zum Nachlesen auch die „Kurtze und wahrhaffte Beschreibung" des Chronisten Hans Nikolaus Zitter aus dem Jahr 1661 empfohlen. Sie schildert unter anderen heldenhaften Taten, wie die tapferen Kronacherinnen bei den mehrfachen Belagerungen während des Dreißigjährigen Krieges einmal in eine von den Kanonen erzielte Bresche der Stadtmauer eingesprungen sind und mit Pflastersteinen und kochendem Wasser den Feind zum Rückzug gezwungen haben. Als bleibende Ehrung dürfen die Kronacherinnen noch heute an der Spitze des Prozessionszuges vor den Männern sich einordnen.

Mir geht es hier um anderes als eine chronistische Aufhäufung von Einzelheiten. Aufgerührt von dem umwerfenden Eindruck des martialischen barocken Festungswerks, diesem majestätischen Superlativ des Fortifikatorischen, hat es mich gereizt, nach den großen Gestalten und ihren damaligen Vorstellungen zu forschen, die der Grenzstadt Kronach (zu der es heute wieder verdammt ist) etwas Imperiales noch heute spürbar hinterlassen haben.

Um es gleich vorweg zu sagen: Es begegnen einem dabei zwei geschichtlich überragende Persönlichkeiten, „Meilensteinmenschen" würde sie Nietzsche nennen, deren Geist hinter allem fortwirkt. Es ist Kaiser Heinrich II. (1002–1024), der Gründer des Bistums Bamberg, und Bischof Otto I. (1102–1130), der Gründer Kronachs als stärkstem, schützenden Eckpfeiler des Bistums Bamberg.

Kaiser Heinrich hat das von ihm geliebte Bamberg als Morgengabe seiner frommen und klugen Gemahlin, der Kaiserin Kunigunde, mit umfangreichen Landzuweisungen zum Geschenk gemacht.

Mit Kunigundes Zustimmung und auf ihren vielbeachteten Rat wurde das noble Präsent der lieblichen Bamberger Lande noch im gleichen Jahr 1007 zur

Ausstattung des neuen Bistums Bamberg verwendet. Bamberg verdankt seinen raschen Aufstieg diesen außerordentlichen Gunsterweisungen des kaiserlichen Herrscherpaares. 100 Jahre später erreicht Bamberg unter Bischof Otto sein goldenes Zeitalter. Kaiser Heinrich, Kaiserin Kunigunde und Bischof Otto wurden als die guten Geister des neuen Fürstbistums Bamberg heiliggesprochen. Nicht umsonst tragen die beiden Eingangsbastionen der Veste Rosenberg in Kronach den Namen St. Heinrich und St. Kunigunde und nicht umsonst hat Georg Fehn seine Chronik von Kronach eingangs dem Andenken des heiligen Otto gewidmet.

Der Beginn der 700jährigen Geschichte Kronachs als Eckpfeiler des Fürstbistums Bamberg gegen Osten läßt sich auf ein festes Datum und einen großen Mann zurückführen: Es waren die Ostertage des Jahres 1128, an denen der Bamberger Bischof Otto I. zum erstenmal auf die seit über 100 Jahren verlassene Brandstätte Crana, später Kronach benannt, aufmerksam geworden ist. Otto hat noch im gleichen Jahr ihren phönixhaften Aufstieg aus der Asche mit der ihm eigenen Tatkraft in die Wege geleitet.

Wie aus den gewissenhaften Aufzeichnungen zeitgenössischer Mönche aus Bamberg hervorgeht, hat Bischof Otto am Karfreitag, dem 20. 4. jenes Jahres, ganz nah von Crana, in Grodeze, dem heutigen Marktgraitz, sein Nachtquartier bezogen.

Wer kennt schon das kleine Marktgraitz zwischen Lichtenfels und Kronach, dessen slawische Namensherkunft so unverkennbar ist und daran erinnert, daß um 800 das dünnbesiedelte Umland von Bamberg noch den Namen Terra Slavorum, Slawenland, trug.

An jenem fernen Ostern hatte Marktgraitz seinen großen Tag. Bischof Otto hatte Graitz als letzten einladenden Rastplatz im eigenen Diözesanbereich gewählt, um von dort mit Roß und Wagen im großen Gefolge über die Mittelgebirge die weite Reise an die Ostsee fortzusetzen.

Obwohl fürstlicher Landesherr in allen einflußreichen Ecken des Reiches bis hinunter nach Kärnten, geistiges Haupt berühmter Domschulen in Bamberg, prominentester Vermittler in den großen politischen Auseinandersetzungen zwischen Kaiser und Papst und schließlich Oberhirte auf dem wichtigsten Vorposten des gesicherten Christentums gegen das chaotische Völkergewoge an der Ostgrenze des Reiches, hatte es Ottos unermüdlichem Tatendrang keine Ruhe gelassen, sich in eigener Person auf abenteuerliche Missionsfahrt zu begeben.

Vielleicht darf man sich Ottos missionarischen Glaubenseifer ähnlich vorstellen wie den des heutigen Papstes Johannes Paul II., der bei seinem höchsten Amt ebenfalls keine Mühe und Zeit scheut, im Dienste seines Glaubens und seiner Kirche die fernsten Erdteile aufzusuchen.

Angestimmt von dem damals allgemein erwachten Kreuzzugsgeist war es Ottos unstillbares Anliegen, über die Grenzen seines eigenen Bistums hinaus die unbelehrbaren Pommern hoch oben im „wilden" Norden zu braven Christenleuten zu bekehren und ihnen die Segnungen der höheren westlichen Zivilisation zu bescheren.

Sein ruhmreiches zweimaliges Unternehmen hat ihm später den Beinamen eines Pommernapostels eingebracht.

Der kleine Ort Graitz stand an diesem Tag – wie kann man anders annehmen – kopf. Die Graitzer werden alles zum triumphalen Empfang ihres Landesherrn und Oberhirten gerichtet, die Graitzerinnen in ihren Kochkünsten sich überboten und die Kinder in ihrer Schaulust sich ausgetobt haben. Man muß sich vorstellen, wie dieses von Priestern, Mönchen und Fuhrleuten buntgemischte Expeditionskorps, eskortiert von gepanzerten Reitern, im ersten Blütenschmuck der Bäume mainauf dahergezogen kam, voran die Standarte des Fürstbistums mit dem schwarzen Löwen auf goldenem Grund.

Wahrhaftig, ein Anblick für Götter, soweit diese nicht seit Gründung des Bistums Bamberg vor gut 100 Jahren schon alle ausgetrieben worden waren (woran damals noch berechtigte Zweifel bestanden).

Bischof Otto wußte von einer vorhergehenden Missionsreise, daß er nicht sparen dürfe mit dem Glanz eines deutschen Reichsfürsten und der Autorität eines päpstlichen Legaten. Sein spanischer Missionskollege hatte wegen seines ärmlichen Aufzuges nur Spott und Hohn geerntet. Nach Meinung der hochgestochenen Pommern konnte doch der Herr der Welt unmöglich einen Bettler als Gesandten ausgerechnet zu ihrem stolzen Volke schicken.

Ein ganzer Planwagen war mit Devotionalien, kleinen Kruzifixen, Marienskulpturen, schön geformten Kerzen und vielerlei Tand beladen. Geschenke unterbauen immer am besten erbauliche Worte. Auch Handwerkszeuge werden als ,,Entwicklungshilfe" beigepackt gewesen sein, nicht zu vergessen die Süßigkeiten für die Kinder und alten Frauen.

Über die Zahl der Pommernfahrer ist nichts überliefert. Gewiß aber mußten die Graitzer eng zusammenrücken, um jedem Gast einen Tischplatz und eine gute Bettstatt zur Stärkung für die kommenden Strapazen anzubieten.

Bischof Otto ließ es sich nicht nehmen, gleich bei Ankunft einen feierlichen Gottesdienst zum Tage der Grablegung Christi in der Kirche in Graitz abzuhalten. Seine bewegende Art der natürlichen Rede, gemischt aus religiöser Inbrunst, hoher Bildung und reicher Welterfahrung, hatte ihn damals schon weithin berühmt gemacht. Am Erfolg seiner Heidenmission konnte keiner, der seinen Worten zugehört hatte, den geringsten Zweifel mehr haben.

In dichtgedrängter, mitteilsamer Graitzer Abendrunde muß dann die Rede auf jene niedergebrannte und menschenverlassene Siedlung gekommen sein, die sich anfänglich Crana ausgesprochen und später Cranaha und Kronach geschrieben hat. Die Bamberger Herren hatten von diesem vergessenen Ort bisher noch nichts gehört. Die frühere Niederlassung war genau an der Stelle gelegen, wo sich die drei Frankenwaldflüßchen Haslach, Kronach und Rodach vereinigen und ein Bergsporn wie ein Keil in das sich weitende Tal nach Süden zu sich vorschiebt.

Der frühere Besitzer, der Markgraf Heinrich von Schweinfurt, hatte alle dort errichteten Gebäude aus Erbitterung darüber in Brand gesteckt und dem Erdboden gleichgemacht, weil Kaiser Heinrich II. ihn bei der Gründung des Bistums Bamberg wegen seines Aufstandes gegen die Reichsgewalt aller seiner Güter für verlustig erklärt hatte.

Der Name Crana wurde damit im Jahre 1003 erstmals urkundlich erwähnt, wenn der Ort auch im gleichen Jahr ausgelöscht worden ist.

Auf Umwegen kam schließlich durch Schenkungsakt Kaiser Heinrichs V. der früher markgräfliche Besitz im Jahr 1122, also erst sechs Jahre vor dem Graitz-Besuch Ottos, an das Hochstift Bamberg. Als ausschlaggebender Grund für diese Schenkung wurden die Verdienste Bischof Ottos von Bamberg um das Zustandekommen eines friedlichen Ausgleichs zwischen Kaiser und Papst hervorgehoben. Ein Markgrafentum sozusagen als Provision für Vermittlerdienste zu bekommen, das beweist das Format, das der Kaiser Bischof Otto zugemessen hat.

Dieser wichtige neue Landerwerb war für Otto ein Grund mehr, die dem Hochstift zugefallenen Besitzungen, insbesondere aber die Brandstätte Crana beim Vorbeizug am nächsten Tag mit landesväterlichem Interesse zu besichtigen. Mit Falkenblick erkannte Otto sofort die strategische Schlüsselstellung dieser zwei steilen Felsformationen übereinander für eine befestigte Stadt und darüberliegende Landesburg. Von dieser von der Natur sich anbietenden, glänzenden Position konnten nicht nur die wichtigen Paßstraßen über den Franken- und ThüringerWald beherrscht, sondern von dieser uneinnehmbaren Stelle aus auch die Missionierung und Kolonisierung gegen den Osten gefestigt und vorangetrieben werden.

Der Entschluß war gefallen. Gleich nach Rückkehr von der Pommernmission verwirklichte Otto mit der ihm eigenen Tatkraft seine Pläne. Hier kamen Otto seine Erfahrungen zugute, die er auf seinen Fahrten nach Rom, Frankreich, Polen und anderen Ländern gesammelt hatte. Nicht ohne Grund hatte Kaiser Heinrich IV. den dreißigjährigen, vielseitig befähigten Priester als Organisator, Bausachverständigen und Finanzberater in seinen Stab berufen, um endlich den halbfertigen Speyerer Dom zu vollenden. Nach glänzender und rascher Erfüllung dieser Aufgabe übertrug der Kaiser Bischof Otto das höchste Amt des Erzkanzlers. Als die Bamberger kurz darauf den Kaiser um die Neubesetzung des vakanten Bischofsstuhles in ihrem Bistum ersuchten, wußte der Kaiser für diese Aufgabe keinen besseren Mann als Bischof Otto zu nennen. In ihm verband sich die Weltgewandtheit des an allen Höfen herumgekommenen Klerikalen mit selbstloser Menschenliebe und zupackender Tatkraft. Geboren als Rittersohn „mehr adeliger als reicher" Eltern an den kargen Nordhängen der Schwäbischen Alb, wurde er schon früh mit allen praktischen Aufgaben und Sorgen einer Grundherrschaft vertraut. Als zweitgeborener Sohn hat er sich mit wenigen Mitteln durch sein geistliches Studium durchschlagen müssen. Er muß aber schon nach seiner Priesterweihe durch seine hohen Begabungen, seinen lauteren Charakter und seine kraftvolle und zugleich vornehme Erscheinung die Aufmerksamkeit einflußreicher Kreise auf sich gelenkt haben. So wurde er schon mit jungen Jahren als Kaplan an den Hof des Polenherzogs Wratislaw gezogen und von dort mit Staatsaufträgen an die Zentren der Macht bei Kaiser und Papst delegiert.

Für Kronach kam Otto als der rechte Mann in der rechten Stunde. Der Bauherr herrlicher mittelalterlicher Dome konnte nun seine Tatkraft und sein Wissen am Neuaufbau einer Stadt und Festung erproben. Er hatte sich freigemacht von dem Winkelwerk der mittelalterlichen deutschen Stadt. Mit der Schaffung von zwei großzügigen Parallelstraßen bergwärts hinauf zur Burg war auch für neuzeitliche Entwicklungen bereits eine sinnvolle Lösung vorgegeben. Am Ende der beiden Hauptstraßen ergaben sich gefällige Plätze vor der Pfarrkirche und am oberen Ende für einen geräumigen Markt in weit vorausgeschauten Dimensionen.

Die einzige Engstelle, das „Scharfe Eck", ist erst im 15. Jahrhundert durch eine Hauserweiterung entstanden. Der schöne Fachwerkbau wird aber als Verkehrsbehinderung heute um so nachsichtiger akzeptiert werden können, wenn man erfährt, daß in diesem Haus der berühmteste Sohn der Stadt, Lukas Cranach, zur Welt gekommen sein soll, der mit Dürer und Grünewald um 1500 das goldene Zeitalter der deutschen Malerei geprägt hat. Er war der erste deutsche Maler, der zu der Freiheit des Renaissancemenschen gefunden hat, nach dem Vorbild der Antike die Schönheit des weiblichen Körpers in seiner sinnlichen Anmut darzustellen. Eigentlich paßt das gar nicht zu Kronach, unter dessen geistlicher Schirmherrschaft des Hochstiftes das weibliche Element im Hintergrund stand. Es gab dort keine Landesmutter zu verehren, keine heranwachsenden Prinzessinnen zu bewundern, keinen schicken Hofdamen nachzugucken und keine Ammen nach intimem Hofklatsch auszuhorchen. Wer die hohen Titel der amtierenden und kommandierenden Herren durchliest, könnte meinen, daß zumal auf der Veste Rosenberg nur Klerikale und Militärs sich die Türe gereicht haben.

Wer aber nach Durchquerung des Zeughaushofes vorbei an dem stattlichen Alten und Neuen Zeughaus (ersteres heute Museum) in den inneren Schloßhof tritt, in dem sich um den mächtigen Bergfried die weiten Fronten des Kommandanten- und des Fürstenbaues gruppieren, muß eher an viel heiteres und geselliges Leben in diesen riesigen Wohnarealen glauben. Hier wurde gewiß nicht nur die heilige Messe zelebriert, das weite Land regiert und Soldaten exerziert, sondern auch fröhlich gefeiert und pokuliert.

Als Beweis dafür darf ich meinen Ururgroßvater Karl Heinrich von Aufsess nennen. Er hat auf der Veste Rosenberg bei einem Ball das reizende 19jährige Töchterlein des Festungskommandanten von Redwitz kennengelernt. Schon kurze Zeit darauf, am 3. 6. 1693, fand die Hochzeit im großen Rahmen auf der Veste Rosenberg statt, zu der alle Honoratioren von Land und Stadt – diese womöglich in ihren spanischen Halskrausen – eingeladen waren. Das Wappen der Eva Ursula von Redwitz, der Ahnherrin aller Aufsess, hängt neben dem Schild der Aufsess in Eiche geschnitzt noch heute in dem zur gleichen Zeit erbauten Torhaus von Schloß Oberaufsess.

Und weil es schon gerade um Gemeinsamkeiten der Stadt Kronach und der Familie Aufsess geht, sei unbescheiden hinzugefügt, daß nach den vielen Redwitz in verschiedenen leitenden Positionen wohl die Aufsess die häufigste Erwähnung in der umfangreichen Chronik von Kronach finden. Zumal eine entscheidende Tat Kronachs in die Regierungszeit des Fürstbischofs Friedrich von Aufsess (1421–1431) fällt:

Nach der unheilvollen Verbrennung des Reformators Jan Hus in Konstanz 1414 flammte die hussitische Glaubens- und böhmische Nationalbewegung wie ein rasender Buschbrand auf, dessen Feuerwalze über Thüringen und Franken hereinbrach. Die das Land schützenden Ritterburgen und befestigten Städtchen waren dem Massenansturm und der neuen Taktik der Erstürmung nicht gewachsen. Noch vor der Erfindung der Pulverwaffen war zum erstenmal der Nimbus der

Uneinnehmbarkeit der steinernen Wehrmauern und Türme gebrochen. Selbst befestigte größere Städte wie Plauen, Hof, Kulmbach, Wunsiedel, Bayreuth und andere fielen in die Hände der gnadenlosen Eroberer. Immer weiter drangen die mordenden, sengenden und plündernden hussitischen Scharen vor. Sie zogen schauerliche Spuren des Massenmordes und der verbrannten Erde durch das Land. Unter den von Hunger heimgesuchten Flüchtlingen und Obdachlosen schlich die Pest umher. In den Notquartieren und verseuchten Gassen wurde unentwegt gestorben. Auf 6000 requirierten Wagen und Gespannen rollte Raubgut gegen Osten.

Nur einzelne stark befestigte Orte wie Nürnberg konnten den Ansturm abwehren. In Kronach waren die Hussiten bereits in die Vorstädte eingedrungen. Da faßten die tapferen Kronacher den verzweifelten Entschluß, alle außerhalb der Stadtmauer stehenden Gebäude in Brand zu setzen. Damit konnten die stark befestigte und durch natürliche Felsenabstürze geschützte Stadt sowie die Veste Rosenberg gehalten und der Vormarsch gegen das nahezu unbewehrte Bamberg gestoppt werden.

Kronach, der Eckpfeiler Bambergs, damals vor 300 Jahren von Bischof Otto schon als Rampe des Fürstenbistums gegen Osten angelegt, hatte seine höchste Bewährungsprobe bestanden.

Dank des so wirkungsvollen Flankenschutzes durch die beiden bischöflichen Festungen Forchheim und Kronach gelang es Fürstbischof Friedrich von Aufsess in diesen Stunden und Tagen tödlicher Gefahr, einen Waffenstillstand mit dem Hussitenführer Prokop abzuschließen. Nach der anfänglichen irrsinnigen Forderung von 50 000 Gulden in bar wurde schließlich der

Abzug aller Truppen aus den bischöflichen Territorien gegen eine Zahlung von erdrückenden 12 000 Goldgulden ausgehandelt.

Hätte Kronach nicht standgehalten, die Kirchenstadt Bamberg mit ihrem Domjuwel und herrlichen Kirchen auf sieben Hügelpodesten würde heute nicht so geistlich entrückt und lieblich in die gesegneten Talgründe des Mains und der Regnitz schauen. Das frühmittelalterliche Bild der beiden schicksalhaft zusammengehörenden Städte Bamberg und Kronach wäre für immer dem Vernichtungssturm aus dem Osten zum Opfer gefallen.

Die erste Weltrevolution von Osten her, getragen von dem slawischen Messianismus einer alleinseligmachenden utopischen Lehre und kommunistischen Ideologie, nach der es kein Mein und kein Dein mehr geben sollte, verbunden mit massiven Eroberungsgelüsten, hätte den ganzen Westen überrollt. Auch heute müssen sich die bedrängten Kronacher wieder als Grenzstadt nahe dem Todesstreifen gegen den bedrohlichen Osten behaupten.

Die nachfolgenden Fürstbischöfe und hohen Herren des Domkapitels Bamberg haben diese große Bewährung Kronachs nicht vergessen. Jeder auf sich und sein Hochstift haltende Fürstbischof hat es daher künftig als Ehre und Verpflichtung angesehen, an Festung und Stadt Kronach weiterzubauen und beide jeweils auf dem höchsten Stand der Verteidigung zu halten. Stolz weisen die Wappen der Förderer auf die in ihrer Regierungszeit gemachten Erweiterungsbauten hin. So prangen z. B. an der Ostface der Bastion St. Lothar in Übermannsgröße nebeneinander die Wappenreliefs des Fürstbischofs Lothar Franz von Schönborn, des Statthalters und Domdekans Carl Sigismund von Aufsess und des Dompropstes Otto Philipp von Guttenberg. Eine verzierte Kartusche darunter hält ihre Namen und das Jahr des Baues 1693 fest.

Aber zurück zu Bischof Otto und dem Jahr 1128, dem Zeitpunkt der Wiederentdeckung und Neugründung Kronachs durch ihn:

Für den Aufbau der Stadt mußten zahlreiche Arbeitskräfte aus der Umgebung angeworben werden. Mit ihrer Ansiedlung dehnte sich das neue Gemeinwesen bald zu dem höher gelegenen altgermanischen Götterhain aus, dem damit zusammen mit der Burg die Stätte für heidnische Kultzwecke entzogen wurde. Ein Rest der Liebe zu alten Bäumen scheint sich aber bis heute bei den Kronachern erhalten zu haben. Nicht nur daß der Name Rosenberg zur Erinnerung an den einstigen Rosenhag um den heiligen Hain bewahrt worden ist und drei Rosen das Stadtwappen schmücken, es stehen heute wieder wahre Götterbäume um die Bastionen. Der Strunk der gewaltigen Schwedenlinde von 11,50 m Umfang wurde sogar liebevoll konserviert und wie ein sakrales Heiligtum aufgestellt. Für die Erhaltung dieser ehrwürdigen Naturdenkmäler sorgen nicht mehr germanische Priester, aber um so eifriger die heutigen Naturschützer.

Jetzt endlich erscheint das vergessene frühere Crana in der neuen Schreibweise von Cranaha zur Genugtuung der auf aktenkundigen Nachweis erpichten Historiker in einer Schutzbulle des Papstes Innocentius II. vom 23. 11. 1139. In der Urkunde wird dem Hochstift Bamberg der Besitz von Cranaha namentlich bestätigt. Diese erfreuliche Nachricht dürfte Bischof Otto gerade noch an seinem Sterbebett erreicht haben. Die Übertragung war ja die Belohnung für seine Verdienste um die Aussöhnung zwischen Kaiser und Papst. Belohnungen geschahen damals in der Zeit der Naturalwirtschaft vor allem aber in Belehnung mit Land oder durch Einräumung von Rechten.

Welche gewichtige Bedeutung Kronach damals bereits erreicht haben mußte, kann aus der Erhebung Kronachs schon im Jahr 1150 zum Archidiakonat geschlossen werden. Das Amt mit seinen weltlichen und geistlichen Befugnissen wurde vom Bischof nur an hohe Domherren verliehen. Diese führten vom Bischofssitz Bamberg die Verwaltung, nahmen aber oft Aufenthalt auf der Veste Rosenberg und hielten dort hof.

Für die Kronacher war daher in der langen Geschichte der wechselnden Fürstbischöfe in Bamberg die Frage von eminenter Bedeutung, wer ihren Oberhirten und Fürstbischof in Bamberg zu bestimmen hatte, ob Kaiser oder Papst.

Damit treten wir ein in die hohe Politik, denn dieser Streit um die Einsetzung der hohen priesterlichen Stellen (Investiturstreit) zieht wie ein garstig Lied durch die ganze Geschichte des alten Reiches und hat das Heilige Römische Reich Deutscher Nation tief gespalten. Während der deutsche König auf sein altgermanisches Recht der freien Priesterwahl pochte – ein Recht, das sich in der Bestimmung des Pfarrers durch den Patronatsherrn noch bis in unser Jahrhundert erhalten hat –, behaupteten die Päpste ihr angeblich göttliches Recht zur Besetzung der wichtigsten kirchlichen Ämter.

Auf die Spitze getrieben wurde der Konflikt durch ein Novum, das Kaiser Otto I. (962–973) durch Belehnung der Bischöfe mit reichlichem Landbesitz und durch ihre Erhebung zu Fürsten hereingebracht hatte. Diese Priester-Magnaten mit dem Krummstab in der einen und dem Schwert in der anderen Hand – wie auf Epitaphen nicht selten dargestellt – waren einerseits geistliche Oberhirten mit dem Eid gebunden an den Papst und waren andererseits weltliche Landesherren mit dem Eid gebunden an ihren Lehensherren, den Kaiser und deutschen König.

Zu diesem Zwiespalt des Dienens gegenüber zwei Herren kam noch der weitere Konflikt, daß die zu Landesfürsten erhobenen Bischöfe in einer Person geistliches und dynastisches Denken vereinen mußten.

Schon bei dem Osterbesuch Bischof Ottos in Marktgraitz und Kronach fällt auf, daß Otto in doppelter Eigenschaft reiste, nämlich als päpstlicher Legat und als Reichsfürst. An einem Tag predigte der Oberhirte von der Kanzel über die christliche Nächstenliebe, am andern Tag verfügte der Landesfürst den strategischen Ausbau Kronachs zum stärksten Eckpfeiler des Bistums Bamberg. Die Fürstbischöfe waren Steuereinnehmer und Seelsorger, Beichtväter und Richter. Es wird für die Kronacher Bürger nicht immer leicht gewesen sein, ob jeweils besser seine Eminenz oder seine fürstliche Hoheit anzusprechen waren.

Treitschke hat in Anbetracht dieses Widerspruches die Herrschaftsform der geistlichen Fürstbistümer als die niederträchtigste von allen angeprangert, in der der Wolf sich abgefeimt unter dem Schafspelz verstecke.

Wie die Kronacher Bürger in den 700 Jahren der fürstbischöflichen Oberherrschaft bei dem 55mal erfolgten Wechsel ihrer fürstlichen Landesherren und gleichzeitigen Oberhirten zurechtgekommen sind, wäre gewiß einer besonderen Betrachtung wert, denn an wenigen Orten sind die Aufgaben ausstrahlender Missionierung und starrer Verteidigung unmittelbarer zusammengefallen.

Immer wieder folgten unter den Fürstbischöfen auf weitsichtige Staatsmänner versonnene Träumer, auf prachtliebende Sonnenkönige bescheidene Eremitennaturen, auf machtbewußte Mehrer ihres Territoriums asketische Büßergestalten, auf großmütige Kunstmäzene bigotte Bilderstürmer, auf Inquisitoren und Hexenverbrenner nachsichtige Menschenfreunde und auf Kaisertreue Papstanhänger.

Im großen und ganzen soll es sich aber unter dem mildernden Einfluß des Krummstabes im Fürstenbistum Bamberg gut haben leben lassen. Dies dankt Bamberg vor allen andern deutschen Bistümern der hohen imperialen Idee, die Kaiser Heinrich II. seiner Lieblingsgründung Bamberg in die Wiege mitgegeben hat. Von seiner Erziehung in der Jugend zum Geistlichen war Heinrich die Augustinische Theorie des Gottesstaates auf Erden tief in das Herz eingepflanzt worden.

Kaiser und Papst waren danach die Pole, die den Kosmos in schöpferischer Spannung und wohlausgewogener Ordnung halten sollten. Kaisertum und Papsttum wurden als die beiden Waagschalen aufgefaßt, von deren ständigem Ausgleichsstreben die innere Entscheidungsmöglichkeit des Menschen abhing. Weder ein totaler Staat (Cäsarismus) noch eine totale Kirche (Papismus) konnten die Gewissensfreiheit garantieren. Der Grundsatz der Zweiteilung der Gewalten lebt im Grunde in der demokratischen Idee des Westens noch heute fort. Nie sollte einer allein Macht über seine

Mitmenschen in absoluter Form besitzen. Der Dualismus Kaiser und Papst war immer noch, trotz weitreichenden Versagens, dem allgewaltig Gotteskaisertum von Byzanz vorzuziehen.

Der Augustinische Gottesstaat sollte in Bamberg verwirklicht werden. Bamberg sollte zu einem zweiten Rom werden. Bamberg ist diesem unerreichbaren Postulat als „caput orbis", als Haupt der Welt, am nächsten gekommen.

Kaiser und Papst sind sich in Bamberg in der Gründerzeit zu fruchtbaren Gesprächen begegnet. Unter dem Kirchendach des Bamberger Doms liegen wie nirgendwo anders ein Kaisergrab und ein Papstgrab vereint. Von Bamberg aus wurde abendländische Politik betrieben. Aus Bambergs gelehrten Domschulen gingen die befähigtsten Männer für Staat und Kirche hervor. In den Bamberger Dombau- und Steinmetzschulen wurden Meisterwerke der deutschen Kunst von archaischer Schönheit geschaffen. Bamberg hatte eine eminent spirituelle und geistliche Ausstrahlung. Sie bestimmt im Grunde noch heute das Antlitz dieser wunderbaren Stadt.

Doch wie für diesen seltsamen Nimbus Bambergs sein Dom, seine Kirchen, Klöster und Schulen unentbehrlich waren, so dringend bedurfte die mehr oder minder wehrlos und offen daliegende Kirchenstadt des Schutzes. Die Festungsstädte Kronach und Forchheim haben ihn ihr gegeben. Der fletschende Löwe mit den gehobenen Pranken im Wappen des Hochstifts, angebracht an vielen Mauern und Toren seiner Trabantenstädte, wachte gleichsam darüber, daß der heiligen Bischofsstadt mit ihren geöffneten Kirchenpforten niemand etwas zuleide täte.

Wenn auch leider zu oft der gewollte Dualismus Kaiser und Papst unter der Machtgier oder der Schwäche ihrer beiderseitigen Vertreter zu einem Verhängnis für das Abendland entartete – die Vergeblichkeit der Italienfeldzüge und die gegenseitigen Absetzungen sind ein trauriges Beispiel dafür –, die von Kaiser Heinrich und seiner frommen Gemahlin Kunigunde in Bamberg aufgenommenen hohen Ideen haben in großen Persönlichkeiten wie dem Bischof Otto und in deren Werken weitergewirkt. Das strahlende und das im Hintergrund doch auch mächtige Bamberg wurde immer wieder zum Ausgangspunkt der Versöhnung.

Zumindest für seine Zeit hat Bischof Otto durch kluge Neutralität, überlegene Vermittlungsgabe und unermüdliches Reisen und Verhandeln von Ort zu Ort den Ausgleich zwischen Kaiser und Papst zustande gebracht. Am 23. 9. 1122 konnte auf freiem Feld vor Worms der jubelnden Menge der Abschluß des Konkordates zwischen Kirche und Staat verkündet werden. Die Urkunde trägt die Unterschrift des Bischofs Otto I. von Bamberg.

Otto, der Mann des Ausgleichs und des Friedens zwischen den Großen des Reiches, konnte nun alle seine Kräfte und Erfahrungen der Weiterverbreitung des christlichen Glaubens, dem wirtschaftlichen Erblühen seines Landes, der Stiftung neuer Klöster, dem Bau von Kirchen und dem Wiederaufbau des im Jahre 1081 niedergebrannten Bamberger Doms widmen. Die Domschule und die Bibliotheken des Landes haben unter ihm eine neue Blütezeit erlebt.

Von diesem goldenen Zeitalter, in dem Bamberg im Mittelpunkt aller geistigen und politischen Auseinandersetzungen des großen Reiches sich friedenstiftend bewährte, profitierte auch das neu entstehende Kronach. Geist färbt ab. Geist pflanzt sich fort. An Kronach als dem stärksten Eckpfeiler des Hochstiftes und im weiteren Sinn als dem Bollwerk des Reiches gegen den unsicheren Osten ist wohl durch alle Zeiten ein Zug des Imperialen haftengeblieben. Wir spüren noch kongeniale Größe in den Bauten der Renaissance und des Barock.

Aber dann nahm alles rasch ein Ende. Wenn man von dem schon fast geflügelten Wort „Napoleon ist an allem schuld" Gebrauch machen will, dann trifft es in vollem Umfang auf Bamberg und Kronach zu: Mit einem Federstrich hat der erste Konsul Napoleon Bonaparte das Fürstbistum Bamberg aufgehoben. In einem Separatvertrag vom 24. 5. 1802 wurden alle Besitzungen des Hochstiftes Bamberg dem Kurfürsten von Bayern zugewiesen. Noch im gleichen Jahr wurde die Residenzstadt Bamberg von bayerischen Truppen besetzt. Das kaiserliche Hochstift Bamberg hatte nach 800 Jahren aufgehört, ein selbständiger Staat zu sein.

Was nach der Säkularisation die Stadt Kronach und ihre Veste Rosenberg alles erleiden mußten, mag in den Chroniken nachgelesen werden. Es bleibt das Tröstliche, daß die Stadt und die Veste dank des aufopferungsvollen Sinnes ihrer Bürger heute noch genug aus der großen Vergangenheit zu bieten haben, um das Herz in Kronach höher schlagen zu lassen.